分断国家アメリカ

多様性の果てに

読売新聞アメリカ総局

823

中公新書ラクレ

はじめに

2024年6月27日からの1か月弱は、アメリカ大統領選の歴史の中でも特筆すべき波乱続きだったと言っても過言ではあるまい。

CNN主催のテレビ討論会が行われたその日、民主党のジョー・バイデン大統領が言い間違えや言いよどみを連発し、目を覆いたくなるような「老い」と「衰え」をさらけ出した。討論会史で長く語り継がれるであろう大失態だった。

24年大統領選は、20年大統領選の結果を認めず、民主主義の根幹たる平和な政権移行に背を向けた共和党のドナルド・トランプ前大統領の復権が懸かる選挙である。いわば、世界の民主主義国家を先導してきたアメリカの民主主義のあり方が問われる大勝負でもある。リベラル派にとって、何が何でも負けられない戦いだ。ところがバイデン氏のままでは、民主主義の理念よりも81歳の高齢大統領の適格性にばかり焦点が当たってしまう。民主党内では激しい「バイデンおろし」の風が吹き荒れ、これにバイデン氏が抵抗して膠着《こうちゃく》状態に陥ったかと思えば、今度は7月13日によもやの事件が起きる。

トランプ氏の暗殺未遂事件である。

激戦州ペンシルベニアの保守的な田舎町バトラーで、トランプ氏は20歳の白人男性に狙撃されたものの、奇跡的に一命を取り留めた。それどころか、けがは耳の軽傷にとどまり、バイデン氏とはあまりに対照的な「強さ」をアメリカ内外に誇示した。流血しながら星条旗をバックに拳を突き上げるトランプ氏の写真は、トランプ氏が演出したがる「不屈の男」のイメージそのものだった。

世界最強の軍と世界最大の経済を率いるアメリカ大統領には、心身のタフさが必要不可欠である。バイデン氏の体たらくとトランプ氏の強運を目の当たりにし、この大統領選は勝負あったと思った人が多かったに違いない。暗殺未遂事件直後にウィスコンシン州ミルウォーキーで開催された共和党大会では、トランプ氏を「神」と重ね合わせる支持者も目立った。保守のカリスマたるトランプ氏の物語は神話性まで帯び、絶対的な存在に昇華したかのようだった。共和党は結束を誇示し、「トランプ党」どころかあたかも「トランプ教」と表現する方がふさわしいと感じさせるほどだった。

ところが、バイデン氏が党内からの撤退要求に抗しきれず、新型コロナウイルスへの感染で療養中の7月21日に突如撤退を表明すると、局面は一変した。後継候補はバイデン氏が支持を表明したカマラ・ハリス副大統領に瞬く間に一本化された。

ハリス氏は担当した移民政策では成果をあげられず、政策スタッフの離職が相次いだことも話題になり、副大統領としての手腕に対する世論の評価は低迷していた。一方で、父親はジャマイカ出身の黒人、母親はインド出身で、米国の多様な社会を体現する存在だ。女性、黒人、アジア系としていずれも米国初の副大統領である。マイノリティーを支持基盤とする民主党にとって、一枚岩になりやすい存在だったと言える。民主党はハリス氏の下で結束を強める結果となり、トランプ氏優位との観測は吹き飛んだ。

この間、トランプ氏の支持率は対バイデン氏では確かに上昇していた。だが、変動幅はさほど大きくはなかった。テレビ討論会の後、主要な世論調査で最も差がついたものでも、トランプ氏のリードは6ポイントだった。一方でバイデン氏が2ポイント勝っていた世論調査もあった。バイデン氏が頑強に撤退要求をはねのけようとした理由には、党内が騒ぐほど支持率が下がっていないという思いがあったのは間違いないだろう。

なぜ支持率の変動幅は小さいのか。これはまさに、今のアメリカ政治の特徴である

「支持の固定化」の結果である。リベラル派はリベラルなCNNやMSNBCなどをもっぱら視聴し、保守派が好むのは保守的なFOXニュースである。批判的な報道はお互い耳に入らない。ネットやSNSの情報しか目にせず、自分と似たような価値観や考え方ばかりを見聞きする人も増えている。

左右の分断が底なしに深まり、保守派は民主党を敵視し、リベラル派も共和党を一顧だにしない。お互いがお互いを嫌悪している、保守派とリベラル派は決して交わらないと言った方が正確かもしれない。リベラルな人はトランプ氏支持を公言する人と友人関係を築くことすら難しく、逆もまた然《しか》りというのが今のアメリカの現実である。家族内で支持が割れると関係が険悪になることもしばしばあるという。

アメリカには「Chick-fil-A（チックフィレイ）」というチキンサンドイッチの大手チェーンがある。日本だとチキンと言えばケンタッキー・フライド・チキン（KFC）だが、アメリカで市場占有率首位の座はチックフィレイである。大手ファストフードチェーンの顧客満足度でも10年連続全米トップを獲得する「チキン業界の雄」だ。ところが、この店はリベラル派には決して好かれていない。あるアジア系女性は「あんな保守的な店には絶対に行きたくない」と断言する。実は創業者が敬虔なキリスト教徒で、教会で礼拝が行われる日曜日は全店休業となる。同性婚への反対を表明したこともある。一部のリベラル派にとっては、たとえ味やサービスがよかろうと足を踏み入れたくはない店ということになる。事程左様《ことほどさよう》にアメリカでは左右の分断が日常生活のちょっとした場面にも影響を及ぼす要素になっているのである。

アメリカは広い。ニューヨークやロサンゼルス、シカゴ、ワシントンなどの大都会は、人種、民族、性自認などで多様な社会であり、日本とは全く異なる世界が目の前に広がる。一方で、都会の郊外から車でしばらく走れば、ほぼどこでも見渡す限りの田舎である。白人が大多数を占め、昔と大きく変わらないスタイルで生活している。キリスト教を信じ、日曜は教会に通う。身を守るための銃を所持する。コミュニティーを大切にする。腕っ節が強いことは、男にとって誇りである。昔ながらの価値観が今も変わらず息づく地方は、圧倒的に共和党支持者が多く、トランプ氏の岩盤支持層でもある。

2021年1月6日、トランプ氏の支持者が連邦議会になだれ込む映像を見た際、日本にいる多くの人が「トランプ氏は終わった」と思ったのではないか。だが、アメリカの歴史に汚点を残した事件を引き起こしたにもかかわらず、トランプ氏の支持は底堅い。むろん保守派でもトランプ氏を好ましくは思っていない人はいるものの、そういう人ですらリベラルな民主党よりはトランプ氏の方がよっぽどいいと考えていることが多い。保守派だけではなく無党派層の一部にも、今の民主党と比べれば共和党の方がいいと本心では思っている人が少なくない。だからこそ、問題だらけのトランプ氏が共和党候補であろうと、大統領選は大接戦になると見込まれているのである。

左右の分断を生み出している要因はなんなのか。実際にアメリカでは何が起きているのか。何が変容しているのか。読売新聞アメリカ総局の記者たちがアメリカ各地を手分けして訪ね、歩き回り、市井の人、政治家、公務員、活動家、専門家、様々な人種や民族、性自認の人たち、計120人以上に直接話を聞いた成果が本書である。

アメリカ各地を取材すると、この国が多様な社会であり、世界に冠たる移民国家であり、新しい価値観が生まれる国であるということを実感する。その反面、多様性の広がりや多様な価値観を行き過ぎだと感じ、ついていけないと考える人が多いことにも気づかされる。人種差別は今でも色濃く残り、新たな移民の流入は国内で軋轢《あつれき》を起こし、価値観の変容に抵抗する人も多い。そして残念ながら、保守派もリベラル派も相手に対する寛容の精神と自制心を失ってしまった。アメリカを歩き、アメリカを見つめ、アメリカの声に耳を澄ませたからこそ痛感する現実である。

目次

本文ＤＴＰ／今井明子

分断国家アメリカ

多様性の果てに

登場する人物の肩書と年齢は新聞掲載時のものです。

第1章

ブラック・ライブズ・マター運動で広がる分断

「黒人差別」の現在

独立記念日を祝うトランプ氏の集会で

米国で保守派を中心に愛国心がひときわ高まるのが、独立記念日の7月4日である。英国から独立を勝ち取った英雄たちに思いをはせ、アメリカ人は家族や友人らと一緒にパレードやコンサート、花火を楽しむ。

その日を3日後に控えた2023年7月1日の早朝。南部サウスカロライナ州の西部に位置する人口約3400人の田舎町ピケンズに、人が吸い寄せられるように集まった。群衆のお目当ては、トランプ氏の集会だった。町の目抜き通りを通行止めにして設営された会場の前には、午前6時の段階で行列が数百メートルに延びた。午前9時頃に開場すると、会場とその周辺は、トランプ氏がスローガンとする「Make America Great Again（米国を再び偉大に）」と書かれた野球帽やTシャツを着用する熱狂的支持者らであふれかえった。星条旗をあしらった服装の「愛国者」の姿も目立った。関係者によると町にはこの日、人口の約15倍にあたる約5万人が集まった。

前座の連邦議員らに続いてトランプ氏が姿を現したのは、午後1時過ぎ。炎天下に登壇すると、熱狂する大群衆を満足そうに見やりながら、まずは独立記念日を祝福した。

トランプ前大統領の集会のために行列に並ぶ支持者たち。サウスカロライナ州ピケンズで

そして、「およそ2世紀半前、勇敢なアメリカの愛国者たちは、自由という壮大な大義のために命を懸けた。その名前は英雄や伝説として歴史に刻まれた。『彼ら』は私たちの伝説を削除しようとしている」とまくし立てると、「ピケンズ将軍も削除はさせない！」と語気を強めた。

　トランプ氏の言う「伝説の削除」とは、歴史上の人物の名前がついた学校や道路などの名称変更、記念碑・像の撤去などを意味する。近年の米国では、奴隷を所有していた歴史上の人物や、南北戦争（1861～65年）の南軍指導者に由来する名称が、リベラル派主導で変更されるケースが相次ぎ、保守派は不満を募らせている。また、トランプ氏の言う「彼ら」とは、ジョー・バイデン大統領やカマラ・ハリス副大統領、民主党、そしてトランプ氏が忌み嫌うリベラル系メディアのことを指すのは明らかだった。

トランプ氏が「削除はさせない」と宣言したピケンズ将軍とは、独立戦争で英軍や英側についたネイティブ・アメリカンを相手に勇敢に戦ったアンドリュー・ピケンズ（1739〜1817年）のことで、集会場の町名の由来となった。地元では独立の英雄とされ、独立戦争後、連邦下院議員にも選ばれた。そして独立戦争の前後を生きた政治家の多くがそうであったように、奴隷を所有していた。

トランプ氏は演説で、さらにたたみかけるように、「『彼ら』は国中の100以上の学校からジョージ・ワシントン（初代大統領、1732〜99年）の名前を外した」とボルテージを上げると、「私たちのために戦い、強い犠牲を払った勇気あるアメリカ人に関する全てのものが、インチキなジョー・バイデンのもとでまさに破壊されようとしている」と政敵を切り捨てた。

実際のところ、ピケンズの町名を変更しようという目立った動きはない。共和党が圧倒的に強い保守地盤では、そもそも変更されるわけがない。また、ワシントンは奴隷を所有していたが、その名称がついた学校名の変更事例はほとんどない。だが、トランプ氏にとって、そんな事実はお構いなしだ。

トランプ氏の岩盤支持層は、スローガンの「Make America Great Again」の頭文字から「MAGA《マガ》」と呼ばれる。歴史上の人物がリベラル派によって「人種差別主義者だ」などと糾弾、排除される「キャンセル・カルチャー」の風潮に、MAGAがいら立っているのは明らかだった。リベラル派が振りかざす「正義」は、MAGAの中核たる保守派の白人にとっては誇りを抱く米国や郷土の歴史、英雄を傷つけるものに他ならない。トランプ氏の発言に呼応する熱狂的な歓声がその事実を雄弁に物語っていた。

キャンセル・カルチャーのうねり

米国では2020年5月、中西部ミネソタ州ミネアポリス近郊で白人警察官のデレク・ショーヴィンに黒人男性ジョージ・フロイドさん（当時46歳）が殺害される事件が起きた。ショーヴィンは偽札使用容疑でフロイドさんを取り押さえ、膝で頸部を9分近く押さえつけ、死亡させた。フロイドさんが「息ができない。助けてくれ」と懇願しながら命を落とす衝撃的な動画が世界中に拡散し、怒った黒人やリベラル派は反差別主義の「ブラック・ライブズ・マター（黒人の命は大切だ）運動」を全米で繰り広げた。同時に、暴動も各地で多発し、夜間外出禁止令が各地で発令されるなど情勢は一時緊迫化した。大統領在任中だったトランプ氏はデモ参加者を「悪党」と呼び、治安維持のため軍出動までちらつかせ、国民の分断をあおった。

ブラック・ライブズ・マター運動は、２０１３年に黒人の男子高校生を射殺した容疑者に無罪評決が出たことをきっかけに始まり、その後も白人警官が黒人を死亡させる事件などが起きるたびに盛り上がりを見せた。だが、ジョージ・フロイド事件後の世界各地に飛び火するようなうねりは初めてだった。

ジョージ・フロイド事件とブラック・ライブズ・マター運動の広がりを契機として、マイノリティー（人種的少数派）の権利拡大や差別解消に改めて脚光が当たり、民主党で急進左派の影響力が拡大した。急進左派の議員にはマイノリティーが多い。「人種差別」とみなしたものを徹底的に排除するキャンセル・カルチャーがかつてなく強まったのもこの頃からだ。人種差別的とみなされた学校名は教育上の観点からも、変更を要求する声がリベラル派から続出した。

ＵＳＡトゥデー紙がまとめた集計によると、ジョージ・フロイド事件の発生から２０

21年までの1年半余りの間に、計82校の名称が変わった。このうち、南北戦争で司令官として南軍を率いたロバート・E・リー将軍（1807～70年）の名を冠したものは17校が変更された。リー将軍は知略に富んだ戦術で北軍を苦しめたことから、米国史上屈指の名将として英雄視する人が多い。リー将軍個人は奴隷制に反対の考えを持っていたとされることもあり、保守派には相次ぐ校名変更などに不満が渦巻いた。

「建国の父」にも矛先が

「全ての人間は生まれながらにして平等であり、創造主によって、生命、自由と幸福の追求を含む不可侵の権利を与えられている」

独立宣言（1776年）が掲げた米国建国の基本理念である。

起草者で第3代大統領のトーマス・ジェファーソン（1743～1826年）は、アメリカ人にとって「建国の父」の中でも特別な存在だ。独立戦争でアメリカ軍を率いた初代大統領のジョージ・ワシントン、独立の立役者の1人で100ドル札のベンジャミン・フランクリンらと並び称される。ワシントンの桜の名所である池の「タイダル・ベイスン」沿いには、円形のドームが美しいジェファーソン記念堂が建つ。そして全米各地にはジェファーソンの名を冠した学校がある。

2023年9月、中西部ウィスコンシン州の州都マディソンにあるそんな学校の1つ「トーマス・ジェファーソン中学校」が、地元の黒人人権活動家の名前に変更された。「エゼキエル・ギレスピー中学校にお帰りなさい！」。新学年の始まる9月5日、この中学校を訪れると、教師らがこう声をかけながら生徒を出迎えていた。ある男性教師は「まだ新しい名前には慣れないけどね。ジェファーソンの名前を変更することは理解できるし、新しい名前はとてもいいと思うよ」と語った。一方で、「学校の名前が変わるなんて知らなかった」と漏らす生徒もいた。学校の看板はまだ「ジェファーソン中学校」のままだったが、その下に「ジェファーソンは今、エゼキエル・ギレスピー中学校です」と表示されていた。エゼキエル・ギレスピー（1818～92年）は全国的にはほぼ無名と言っていい人物だが、ウィスコンシン州では黒人の権利拡大に取り組んだ人権活動家として、それなりには知られる存在だ。

なぜジェファーソンの名称は変更されたのか。地元教育委員会トップとして校名変更議論を主導した黒人女性の活動家アリ・ムルドロウさんに理由を尋ねると、開口一番、嫌悪感に満ちた声色で、こう語った。

「若い奴隷の黒人女性に性的暴力をふるった過去を持つ人物が、中学校の名前になっていることは実に複雑なことだ。人を奴隷にすることは恐ろしいことであり、水に流したり、気軽に受け入れたりすることはできない」

ジェファーソンは多くの奴隷を所有していただけでなく、奴隷女性のサリー・ヘミングス（1773年頃～1835年）との間に数人の子供をもうけたことが、DNA鑑定などによって有力視されている。サリーは奴隷女性の子供であり、父親は白人だった。サリーとジェファーソンの妻は父親が同一人物で、2人は異母姉妹でもあった。

ジェファーソンは妻の死後、駐仏公使としてパリに在住していた際、娘を同居のために呼び寄せた。その付き人がサリーだった。2人の関係性については様々な論争があり、ムルドロウさんのように性的暴力があったとする意見がある一方、2人には感情的な親密さがあったと主張する人もいて、真相は藪《やぶ》の中と言える。サリーはジェファーソンとともにパリから米国に戻り、バージニア州にあるジェファーソンの邸宅「モンティチェロ」で仕え、奴隷の立場から解放されることはなかった。ジェファーソンの記録では、サリーは6人の子供をもうけたとされている。父親が誰なのかについては記録がない。

ジェファーソンが奴隷を所有していたことに加え、奴隷女性との間に子供をもうけたとされる説は、独立宣言の崇高な理念と明らかに矛盾するため、ジェファーソンの評価は近年低下している。バイデン氏は2019年4月に大統領選への立候補を表明した際の演説で、独立宣言を引用しつつ、ジェファーソンについて「その理想にかなっていなかった」と明言した。2021年11月には、ニューヨーク市庁舎からジェファーソンの像が撤去され、メディアで盛んに報じられた。

吹き荒れた校名変更の嵐

マディソンでのジェファーソン中学校の名称変更に関する議論はこうした事情を背景に、2022年、当時の校長が教育委員会に提起したことをきっかけに始まった。民主、共和両党が伯仲《はくちゅう》する「スイング・ステート（揺れる州）」のウィスコンシン州にあって、州都マディソンは最大都市ミルウォーキーと並ぶリベラル派の牙城だ。名称変更は選挙で選ばれる教育委員会（定数7）の権限であり、議論が始まったときから結論は見えていた。教育委員会は23年2月に新名称を「エゼキエル・ギレスピー」に確定した。

議論の過程では保守派に加え、無党派層やリベラル派の市民からも反対や疑問の声が次々とあがった。教育委員会に寄せられたパブリックコメントは賛否が割れ、地元紙に

トム・ラシキさんと、旧トーマス・ジェファーソン中学校の看板。ウィスコンシン州マディソンで

は反対意見の投書が何度も掲載された。建国の父の功績に光を当てず、負の側面で評価を下すことへの抵抗感からだった。建国の父への攻撃は、建国の歴史を誇りに思う人たちの心を傷つけることでもあった。

市内に住むトム・ラシキさん（73）は、政治的には無党派で2020年大統領選ではバイデン氏に投票した。パブリックコメントや地元紙上で校名変更に懐疑的な意見を表明した1人だ。2人の息子はいずれもジェファーソン中学校の卒業生である。学校の校舎前で話を聞くと、「現代の倫理観や信条で遠い昔の歴史上の人物を判断するのは、気をつけた方がいい。奴隷所有を理由に、ジェファーソンの歴史を断罪するのは賢い考えではない」

と首をかしげた。そしてジェファーソンが起草した独立宣言について、「その言葉は世界中を鼓舞してきた」と評価し、「(校名変更を主導した人は)なぜそれを無視しようとするのか」と疑問を呈した。

一方、校名変更を主導したムルドロウさんにこうした異論について見解を問うと、「何百人もの人々を奴隷にし、労働力を搾取し、10代の女性に性的虐待を加え、6回もはらませたにもかかわらず、ジェファーソンは善人だという考えですね？　そのような人は、たとえ何を成し遂げたとしても、自分の名前を冠した学校を持つ資格はない」と断じた。「黒人社会や黒人の歴史への無神経さは、米国の長い伝統だ。黒人の苦しみを認めないことは、彼らの世界観の一部だ」とも語り、反発する白人に対する不信感をあらわにした。

マディソンではジェファーソン中学校の名称変更に先立ち、同じような理由で3校の名称が改められるなど、校名変更の嵐が吹き荒れている。市名の由来となった第4代大統領ジェームズ・マディソン（1751〜1836年）の名を冠した高校も、マディソンが奴隷を所有していたことなどから、2021年に改称された。いっそ、市名を変更すべきだとの指摘もあるが、さすがにそこまでは実現しそうにはない。

一連の名称変更の中でも物議を醸したのは、サンフランシスコの教育委員会が2021年1月に下した決定だ。奴隷を所有していたワシントンやジェファーソンに加え、奴隷解放を宣言した第16代大統領エイブラハム・リンカーン（1809～65年）に由来するものを含む44校の名称変更を決議したのだ。リンカーンについてはネイティブ・アメリカンの蜂起に対して厳しく対処したことがやり玉にあげられた。こうした歴史の偉人たちをまとめて断罪するリベラル派の独善的にも映るやり方は、世論の大きな反発を招いた。コロナ下で学校閉鎖が続く中、緊急性のない校名変更を議論している教育委員会のあり方にも市民の不満が爆発した。決定から3か月後の4月、教育委員会はこれらの決議を取り下げ、校名変更は棚上げとなった。

全米のリベラルな都市の代表格であるサンフランシスコでの騒動は、急進左派主導のキャンセル・カルチャーの行き過ぎを物語るものでもあった。

南軍指揮官の校名復活　バージニア州

人種差別は米国の今なお癒えない傷であり、人種間の対立は米国史の一部である。その発端が奴隷制度であるのは言うまでもない。

米国には独立前の17世紀以降、綿花などを栽培する南部の農園の労働力として、アフリカから大量の黒人奴隷が連れてこられた。1860年、奴隷制度に反対する共和党のリンカーンが大統領選に勝利すると、南部11州は連邦政府を離脱し、南北戦争が勃発した。米国史上最大の60万人以上の戦死者を出したこの戦争は、北軍の勝利に終わった。奴隷解放によって黒人にも市民権や参政権が認められたが、南部諸州では「ジム・クロウ制度」と呼ばれる人種隔離政策が残り、黒人の投票権は事実上剝奪されたままになった。制度的な人種差別は、1964年の公民権法成立まで続くことになる。

南北戦争を戦った南部連合は、人種差別の象徴である――米国の黒人の多くは当然のように考える。だが、保守派の白人の多くは、南部連合が守ろうとしたのは郷土や文化、誇りであり、差別主義者と言われるのはレッテル貼りだと主張する。そして、キャンセル・カルチャーに激しく反発する。

その反動が象徴的に現れた出来事が2024年5月にあった。米首都ワシントンから車で1時間半ほどのバージニア州北部シェナンドー郡で、2020年のジョージ・フロイド事件後に校名変更されたアシュビー・リー小学校とストーンウォール・ジャクソン高校の名称を復活させることが決まったのだ。いずれも南軍指揮官にちなむ校名で、事件以降に変更された名称を戻す国内初のケースと報じられた。

アシュビー・リー小学校の「リー」は南軍を率いたリー将軍、「アシュビー」は周辺のシェナンドー渓谷での戦いで武名をとどろかせたターナー・アシュビー・ジュニア（1828～62年）のことを指す。ストーンウォール・ジャクソン（1824～63年）は、リー将軍の右腕として名をはせた勇将で、本名はトーマス・ジョナサン・ジャクソンだが、あだ名のストーンウォール（石の壁）の方が有名だ。戦場で直立不動になりながら指揮にあたる勇ましい姿からついた異名は、南軍の勇猛さを象徴するものとして南部の白人たちに敬愛されている。

3人にちなんだ2校の名称は、フロイド事件から約2か月後の2020年7月、郡教育委員会で変更が決まった。同郡は白人が約9割を占め、保守的な土地柄で知られるが、全米で吹き荒れたキャンセル・カルチャーの波にのみ込まれるかのように、教育委員会は5対1で変更を決定した。アシュビー・リー小学校はハニー・ラン小学校に、ストーンウォール・ジャクソン高校はマウンテン・ビュー高校にそれぞれ名前が変更された。

この決定は、バージニア州山間部の保守的な住民の神経を逆撫《さかな》でした。人々は教育委員会の決定に対し、名称変更は秘密主義的であり、事前通告もほとんどないまま急ぎ足で進められたとして、非難の集中砲火を浴びせた。

こうした反発を受け、2022年には再投票にかけられたが、このときは3対3の同数に終わり、校名変更はそのまま維持された。だが、その後の教育委員選挙で校名復活を主張する保守派が多数を占めることになり、復活に向けた素地が整った。

2024年5月に開かれた校名復活を検討する教育委員会の会合は、会場となった地元中学校に数十人の住民が集まり、賛否が激しくぶつかり合う場となった。

会場の意見で多数を占めたのは、校名復活反対派だった。新学年から当該高校に通う予定のアリーヤ・オグルさんは、サッカーなど複数のスポーツが得意なアスリートだ。「私は黒人の生徒で、もし名前が元に戻れば、(スポーツの対外試合などの際に)私の先祖が奴隷であるために戦った人物の名前のついた学校を代表して戦う形になる。先祖を軽んじているような気分になるし、私の家族と私が信じていること、つまり、私たちはみな平等に扱われるべきで、奴隷制度は残酷でひどいものだったという考えに反することになる」と心情を吐露した。

一方、教育委員のトム・ストリートさんは「ストーンウォール・ジャクソンがどんな人物であったのか、何を信条としていたのか、彼の人柄、彼の忠誠心、彼のリーダーシップ、彼がいかに神に忠実な人物であったか。彼の持っていた道徳的規範は、2020年の学校制度の下のどの指導者よりもはるかに高いものだ」と訴え、校名復活を正当化した。会場からは「シェナンドー郡には人種差別なんかない」という声もあがった。

教育委員会の会合は約6時間にも及び、委員による採決の結果、5対1で校名復活が決まった。

教育委員として校名復活に賛成した共和党員のグロリア・カーリネオさん（54）は、プエルトリコ出身のヒスパニック系白人で、2023年11月の教育委員選挙で当選した。カーリネオさんに話を聞くと、「ジョージ・フロイド事件はミネソタ州で起きたものであり、そこの警察の問題だ。バージニア州とも、南部連合とも関係ない。事件に基づいて名称変更が行われたことには賛成できない」と主張した。さらにはシェナンドー渓谷が南北戦争で戦場となった歴史に触れ、「ここの人は南北戦争を戦った人の子孫だ。1700年代から先祖が住んでいる人がたくさんいる。彼らにとって校名は遺産であり、奴隷制度とは関係ない」と保守的な地元住民の心情を代弁した。

南軍兵士像は差別か遺産か　アラバマ州

２０２３年10月、アラバマ州北部の地方都市フローレンスで行われた市議会は荒れ模様だった。白人至上主義者として知られる保守強硬派の地元男性が意見表明に立ち、こう吐き捨てた。

「ダウンタウンの集会やデモ行進で彼らが金切り声を上げるのを聞いたことはあるか。白人への憎悪を大声で叫んでいる」「彼らの中には白人のリベラル派が交じっているが、だからといって彼らが反白人団体でなくなるわけではない」

男性が難癖をつけた相手は、南軍兵士像への抗議活動を主導している反差別主義団体「プロジェクト・セイ・サムシング」だ。聴衆の中には憮然《ぶぜん》とする同団体創設者のカミーユ・ベネットさん(45)ら黒人活動家もいれば、わざと目立つように大仰な拍手を送る白人男性もいた。

ベネットさんは市議会の会合後、「私たちは決してあきらめない。像が象徴する憎悪と差別主義の行く末を楽しみにしているといい」と皮肉を込めて語った。

問題となっている南軍兵士像は、フローレンス中心部の郡裁判所前に立ち、「永遠の祈り」と名付けられている。１９０３年に市内に建てられ、その後、現在の場所に移された。市のど真ん中に立つ兵士像は、地元の黒人にとっては色濃く残る差別主義の象徴であり、兵士像の前では抗議活動が繰り返されてきた。

ベネットさんによると、プロジェクト・セイ・サムシングが問題視するのは、南軍兵士を悼む像の存在そのものだけではなく、兵士像設置の際にあらわになった差別感情だ。

１９０３年当時の式典では、南軍の退役軍人が演説に立ち、「彼ら（北部、連邦政府の意）は、ニグロ（黒人の蔑称）を色の付いた皮膚を持つ白人とみなし、教育が必要な唯一のものだと信じている」と連邦政府を批判した。そして、白人と黒人を対等に扱うことは、「私たちの間に広く深い溝を掘ることになる」と主張し、連邦政府の政策は南北の分断を生み出すと糾弾したのだ。兵士像が深い差別感情に根ざして建てられたのは明らかだった。

市議会で黒人運動家の抗議活動を非難する地元男性を見つめるカミーユ・ベネットさん（左）。アラバマ州フローレンスで

郡裁判所前に立つ南軍兵士を記念する像。アラバマ州フローレンスで

プロジェクト・セイ・サムシングのメンバーは2017年以降、兵士像を墓地に移転するよう郡や市当局に繰り返し求めてきた。20年にジョージ・フロイド事件が起き、ブラック・ライブズ・マター運動が全米に広がると、それに呼応するように兵士像周辺での抗議活動を一段と活発化させた。時には役所内で寝そべり、業務を妨害する形で抗議の意を示すこともあった。抗議活動が騒音を理由に一時規制されるまで、連日のように兵士像周辺で活動を続けた。

だが、移転は一筋縄ではいかない。フローレンスの所在する郡は共和党の強い保守地盤で、保守強硬派の住民は「南部の遺産だ」として激しく反対する。

アラバマ州北部で南軍の遺産保存活動をする退役軍人のエド・ケネディさん（70）は「奴隷制度が南部連合の重要な要素だったということは否定しないが、分離独立の主要因ではなかった」と述べ、南軍を擁護する。フローレンスの兵士像についても、「人種差別とは何の関係もない。彼ら（プロジェクト・セイ・サムシング）の前提はすべてが人種に関係しているが、我々の前提は先祖を敬うということだけだ」と首をひねる。

ケネディさんの仲間は、プロジェクト・セイ・サムシングの抗議活動に対する抗議活動を行う中で、「アメリカン・ライブズ・マター」と書かれたプラカードを掲げてにらみ合ったり、黒人活動家を遠巻きに取り囲んだりし、両者の言い争いが小競り合いに発展することもあった。

微動だにしない状況を少しでも動かそうと、プロジェクト・セイ・サムシングは2024年4月、兵士像設置にいたる差別主義的な経緯を説明する「銘板」を像付近に設置することで、フローレンス市と合意に達した。それまで固執していた移転要求を棚上げし、現実路線に舵《かじ》を切ったのだ。しかし翌5月にはこの銘板の設置案が、保守派多数のフローレンス市議会で否決されてしまう。プロジェクト・セイ・サムシングは引き続き銘板の設置と将来的な兵士像移転を目指しているものの、見通しは全く立っていない。

南部各州で成立した記念碑保護法

アラバマ州で南軍記念碑などの移転や、南軍関係者に由来する道路名や校名の変更にあたって障壁となっているのが、2017年に成立した州の記念碑保護法だ。アラバマは共和党が圧倒的に強い保守州だが、モンゴメリーやバーミンガムといった公民権運動の中心地となった都市部は黒人らマイノリティーの人口が多く、民主党の地盤でもあり、記念碑移転や校名変更などの動きが広がった。共和党主導の州議会がこれに待ったをかけようと作成した州法で、40年以上経過した記念碑の撤去や名称変更に罰金2万5000ドルを科した。実際、モンゴメリー市では南部連合大統領ジェファーソン・デイビスの名前の付いた道路名を変更した結果、この罰金を支払う羽目になった。州議会では罰金の増額までもが検討されており、移転や変更後に元に戻さないと1日につき5万ドルの罰金を科すという極端な案が提案されたこともある。

南部連合の構成州のうちアラバマ、ジョージア、ミシシッピ、ノースカロライナ、サウスカロライナ、テネシー、アーカンソーの7州では、こうした記念碑撤去などを規制する州法がある(図1)。共和党の右傾化を反映し、ほとんどの州法が2010年代半ば以降に成立したものだ。

南軍の記念碑に詳しいノースカロライナ大学シャーロット校のカレン・コックス教授は「共和党主導の州議会が記念碑の移転を規制する州法を策定することで、州内の市町村の住民が記念碑を除去したいと考えても、それを難しくしてしまっている」と問題点を指摘する。記念碑移転や名称変更を巡る軋轢が各地で起きていることについては、「これは南部諸州の問題でもあるが、それ以上に都市と地方の問題である。たとえば、保守的なルイジアナ州であっても、大都市ニューオリンズでは記念碑の移転が行われた。南北の分断というよりも、都市と地方の分断なのだ」と語る。

一方でコックス教授は、急進左派が「建国の父」に矛先を向けていることには、こう言って首をかしげる。

図1　南北戦争を戦った南部連合（南軍■）と南軍記念碑の保存を念頭に置いた法のある州（☆）

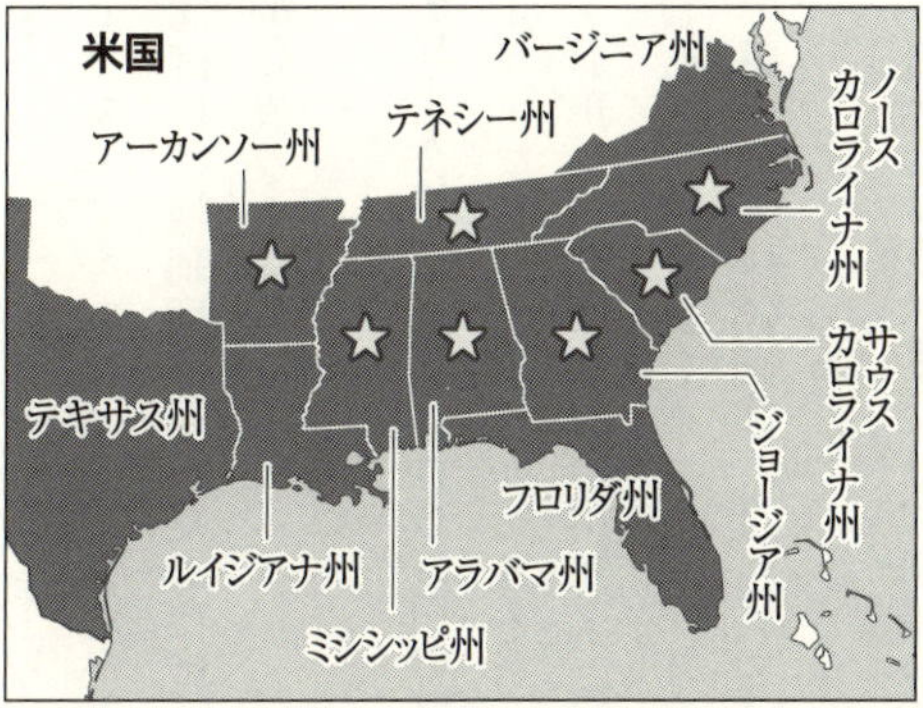

「歴史家たちは、『（奴隷を所有していた）初代大統領ジョージ・ワシントンや第3代大統領トーマス・ジェファーソンをたたえるのは米国の民主主義への貢献に対してだ。南軍の記念碑は奴隷制度を守るために戦った人たちをたたえている』と言っている。両者は根本的に異なる」

奴隷子孫1人最大1億8000万円の賠償案　カリフォルニア州

ジョージ・フロイド事件から4か月後の2020年9月、カリフォルニア州のギャビン・ニューサム知事は米国の州知事として初めて、黒人奴隷の子孫への賠償を検討する特別委員会の設置法案に署名した。事件を契機に高まった黒人の権利擁護を求める声に、民主党で将来の大統領候補と目されるリベラル派有力政治家のニューサム氏が応じたものだ。

特別委員会のメンバーには、州議会議員や弁護士、公民権運動指導者ら9人が任命された。黒人に対する差別の歴史を体系的に整理した上で、現代社会への影響を検証し、賠償の必要性を検討するのが彼らの役割だった。ただ、メンバー9人のうち黒人が8人を占めたため、発足当初から人種構成が偏っているとして懐疑的な視線を投げかけられた。

２０２３年6月、特別委員会は2年に及ぶ公聴会での議論を経て、１０００ページ余りに及ぶ最終報告書を州議会に提出した。「歴史的かつ継続的な差別が続いた結果、特に奴隷の血統を持つアフリカ系アメリカ人は、経済、教育、健康上の苦難に見舞われてきた」

報告書では、人権を無視した奴隷制度の非道さと黒人の歩んできた苦難を詳述した。同時に、カリフォルニア州の責任についても言及した。

カリフォルニア州は１８５０年、奴隷制度を認めない自由州として連邦に加盟したが、逃亡した奴隷を所有者に引き渡すため、52年には「逃亡奴隷法」が施行された。報告書は「初期の州政府は奴隷制度を支持していた」と断罪し、逃亡奴隷法によって「奴隷たちは危険な環境で働き、不潔な環境で暮らし、残忍な暴力に直面した」と州政府の責任を厳しく追及した。63年の奴隷解放宣言の後も黒人に対する差別は続き、第2次世界大戦後になっても白人と黒人の居住区や学校が分離される状態は続いた。報告書では、「アフリカ系アメリカ人は白人に比べて、質の悪い住宅や、インフラが不十分で汚染された地域に住む傾向が強い」とし、今なおその影響が色濃く残っていることも指摘した。

報告書の結論では、「歴史的な過ちを決して忘れず、繰り返さないために、共同体としての反省を促す」として、州政府に公式な謝罪をするように要求した。さらには、「謝罪だけでは被害者への正義の提供や過ちの是正には不十分だ」と結論づけ、「被害は金銭的補償によって救済されなければならない」として、奴隷子孫に現金で賠償するよう勧告した。

報告書の発表で物議を醸したのは、賠償支払いに関する試算方法と、そこから導かれる1人当たりの賠償額、対象となる州内の黒人197万6911人に支払われる賠償総額だ。

特別委員会はまず、黒人と白人の「健康格差」に対する賠償額を試算した。2021年時点で、カリフォルニア州の白人（非ヒスパニック系）の平均寿命は78・6歳、黒人は71・0歳だった。この7・6年の差が生じている背景として、職業差別を受けた黒人が医療保険を利用できないケースが多い上に、黒人居住区では生鮮食品など健康的な食品が入手しづらい「フードデザート（食の砂漠）」の問題があったと指摘。その上で、平均寿命の差には、「不平等な待遇を受けたことによる累積的な影響」が存在したと分析した。

こうした人種差別がなければ黒人が白人並に寿命を延ばせた可能性があるとの考え方に立脚し、健康格差に関する賠償額は、1年分の「生命の価値」を12万7226ドルと計算して、白人との平均寿命差の7・6年分を乗じ、96万6918ドルに上ると報告した。

特別委員会は、薬物犯罪に対する取り締まりを巡っても「人種間格差があった」と認定した。白人と比べて黒人には過度に厳しい取り締まりが行われたことは定説だ。「不均衡な法執行が、カリフォルニア州のアフリカ系アメリカ人全員の生活の質を低下させた」と言及し、刑務所に収容されていた間に労働ができなかった損失額をはじき出した。1971年〜2020年の1人あたりの年間賠償額は2352ドルと見積もり、計11万5260ドルが賠償額にあたるとした。

黒人に対する「極悪非道な住宅差別」も指弾した。黒人が白人の住む地域から隔離されたり、住宅ローンを組めないなどの差別を受けたりしたことで、「カリフォルニア州に住むアフリカ系アメリカ人の1人当たりの平均住宅価値は、白人よりはるかに低い」と分析。住宅格差に対する賠償額は、1人当たり最大14万8630ドルに上るとした。

健康格差、不当な取り締まり、住宅格差の総額は報告書には明示されなかったものの、単純に足し合わせると奴隷子孫1人当たり最大約120万ドル（約1億8000万円）が支払われる計算になる。複数の米メディアは、賠償に必要な総額は州全体の年間予算の2・5年分にあたる8000億ドル（約120兆円）に上ると報じた。現実離れした賠償額に波紋が広がった。

奴隷子孫に残る恐怖

特別委員会の設置法を提案した黒人女性のシャーリー・ウェーバー州務長官（75）は2023年9月、インタビューに対し、「私の家族は『米国で奴隷にされた人々』という意味では、かなり一般的な家族だった。米国の奴隷制度は、歴史上存在した奴隷制度の中で最も残忍なものだった」と険しい表情で語り始めた。

ウェーバー氏は1948年、南部アーカンソー州で小作人の家に生まれた。南部諸州では、60年代半ばまで人種隔離政策「ジム・クロウ制度」が続き、黒人への差別が色濃く残っていた。「道を歩いているとき、白人が前から向かってきたら、彼らを通すために歩道から降りなければならなかった。店に入ろうとしたら、『白人の接客が終わってからでないとサービスを受けられない』という理由で入店を拒否されることもあった」

と振り返る。ウェーバー氏が3歳の頃、父親が白人によるリンチの危機にさらされたことを機に、一家は逃げるようにカリフォルニア州に移り住んだという。「『奴隷』という分類がなくなっても、アフリカ系アメリカ人が『2級市民』であることには変わりなかった」と怒りをにじませる。奴隷子孫への賠償が必要だと訴えるのは、「世界中で過去に不利益を被った他のグループに賠償が支払われてきたが、アフリカ系アメリカ人には一銭も支払われていない。無償の労働力によって、この国はどれほどの富を得たことか」と考えたためだ。

黒人社会には、奴隷の子孫かどうかで賠償の線引きをすることに懐疑的な見方もある。奴隷子孫ではなくとも、深刻な人種差別を受けていると感じる人は多いためだ。しかし、ウェーバー氏は、同じアフリカ系アメリカ人であっても、奴隷の子孫とそうではない人の意識には大きな違いがあるとみている。「奴隷子孫には、『自分は他者より劣っており、社会の中で重要な人物になれない』という刷り込みがある。バラク・オバマ氏が大統領になれたのは、彼の先祖に奴隷がいなかったからだ。彼は母親が白人で、父親がケニア人だ。彼の中には、奴隷やその子孫が抱いてきた恐怖が植え付けられていないのだ」と説明する。

特別委員会のメンバーでただ1人、非黒人で選ばれたのは、サンフランシスコの弁護士で日系3世のドナルド・タマキ氏（72）だった。タマキ氏の両親は戦時中に強制収容された。タマキ氏自身は日系人の名誉回復を図る裁判を勝利に導いた立役者の1人でもある。タマキ氏の特別委員会への起用には、過去に米政府が日系人の強制収容に対して行った賠償を参考にする狙いがあった。

レーガン政権時の1988年、強制収容された日系人に謝罪した上で支払われた賠償金は1人当たり2万ドルだった。貨幣価値の相違から単純比較はできないものの、奴隷子孫に対する最大120万ドルの賠償は日系人への支払いと比べて高額と言えるのは間違いない。タマキ氏は特別委員会の試算結果について「日系人以外の他のグループも差別に遭ってきたが、アフリカ系アメリカ人は複数世代にわたって奴隷制度の対象となった唯一のグループであり、その深刻さは比較にならない」と解説する。

賠償に否定的な世論

世論は奴隷子孫への賠償をどう見ているのか。

カリフォルニア大学バークレー校が2023年8月、カリフォルニア州内の有権者6

０３０人を対象に実施した世論調査によると、特別委員会が奴隷子孫に現金の支払いを勧告したことについて、反対が59％に上ったのに対し、賛成は28％にとどまった。共和党支持者は反対が91％と圧倒的多数で、賛成はわずかに３％だった。民主党支持者は賛成が43％、反対が42％で真っ二つに割れた。無党派層は賛成が24％にとどまり、反対が63％で多数を占めた。

全米の世論調査だと、リベラルなカリフォルニア州よりも「反賠償」の比率がさらに高まる。マサチューセッツ大学アマースト校が２０２４年１月、18歳以上の１０６４人に実施した世論調査では、連邦政府が奴隷子孫に賠償金を支払うことに反対の人は67％に上り、賛成のほぼ倍だった。賠償に反対する理由は、「奴隷子孫に現金の支給はふさわしくない」が29％でトップ、「奴隷制の影響に金銭的価値を付けることは不可能」が25％、「アフリカ系アメリカ人は社会で平等に扱われている」が20％で続いた。反対した人を人種別で見ると、アジア系が79％、白人が74％、ラテン系が61％に上り、アフリカ系は32％だった。

共和党はもちろん、奴隷子孫への賠償に真っ向から反対している。サンフランシスコ共和党のジョン・デニス委員長（60）は「かつて奴隷だった人も、奴隷の所有者だった人も、誰一人として生きていない」と述べ、賠償の不公平性を訴えた。奴隷子孫が不当な扱いを受け、不満を抱いてきた事実は認めた上で、「そのような不満と何の関係もない人たちは、自分たちが賠償金を支払うべきだとは感じていない」とも語った。特別委員会設置を推進したニューサム知事について、「彼自身がそもそも特別委員会を設置しなければよかったと思っている」と皮肉った。

黒人以外のマイノリティーからも反対の声が上がっている。州南部に住むヒスパニック系の民主党員ティナ・ミルズ（64）さんは、「社会の様々な側面に奴隷制度の影響が残っていることは理解するが、現金を与えるだけでは今の私たちが抱えている問題は解決しない」と言い切る。「報告書に書かれている差別は、奴隷制度を除けば、ほとんど他の有色人種に対しても行われてきたことだ。誰も自分の得にならない政策のために税金を払いたくはない」と率直に語った。

実際、世論の反対を感じ取ってか、旗振り役だったニューサム知事は現金での賠償には及び腰になり、公の場では言及を避けるようになった。州財政の状況が厳しいこともあって、州議会民主党でも支持は広がっていない。

州議会では民主党が多数派を占める。２０２４年2月、黒人議員のグループが賠償の実現に向けて14本の関連法案を発表した。このうち①奴隷子孫に公式謝罪するための法案②人種差別に基づく土地収用に対する賠償法案③賠償に向けて黒人の家系を調査する機関を創設する法案④賠償の財源となる基金を創設する法案——は成立に向けて動いている。しかし、24年6月現在、1人当たり最大120万ドルの現金支給を想定した賠償に関する法案は、黒人議員の間ですら支持が広がらず、提出が見送られた。

賠償の議論が起きているのはカリフォルニア州に限らない。連邦議会の下院でも提起されているが、世論の消極論を背景に進展していない。奴隷子孫への賠償を巡る議論は、白人と黒人の「過去」に対する意識の差をあぶり出している。

白人が抱く被害者意識

米国では1964年の公民権法成立まで制度的な差別は続き、その後も差別感情は強く残った。差別解消の取り組みは長きにわたって続いたが、2009年に民主党のバラク・オバマ氏が黒人初の大統領に就任したことで、表面的には大きな節目を迎えた。米国は遂に黒人大統領を誕生させ、差別の歴史に一区切りをつけたかのように見えたのは確かだろう。当時はアメリカだけでなく世界が高揚感に包まれたと言っても過言ではない。一方で、保守派の白人には黒人大統領に対する反感がむしろ強まっていった。オバマ氏を酷評し続けた共和党のトランプ氏が16年大統領選で勝利する伏線ともなった。

ギャラップ社の2001年以降の世論調査によると、白人と黒人の関係を「良い」と回答する白人は、00年代は6～7割台だった。しかし、オバマ政権2期目の任期終盤にあたる15年6月の調査で45％に落ち込み、初めて5割を割った。21年6月には43％に低下し、「悪い」との回答は56％に上った。黒人は総じて白人より「良い」という回答が少なく、「良い」が33％、「悪い」がその2倍の66％だった。

人種間の平等について、民間調査機関ピュー・リサーチ・センターが2023年4月に行った世論調査では「平等を確保するための努力がまだ十分ではない」と答えた黒人が83％に上ったのに対し、白人は44％にとどまった。一方、「努力が行き過ぎだ」との回答は白人で24％だったが、黒人はわずか7％だった。党派別だと差は顕著で、共和党支持者は努力が「行き過ぎ」が37％に上り、「十分ではない」の24％を大幅に上回った。民主党支持者は78％が「十分ではない」と回答した。黒人はまだまだ平等にはなっていないと感じる一方、白人に多い保守派は平等への努力は既に行き過ぎていると考えている現状が顕著に表れている。

保守派の白人がオバマ氏に対して否定的感情を持っていることの証左の1つが、オバマ氏の出生地を巡る論争だ。

「オバマ氏がどこで生まれたと思うか」。トランプ氏の選挙集会を取材した2023年夏、支持者計20人にこの質問をぶつけたところ、14人が「ケニア」あるいは「米国外」、5人が「分からない」などと言葉を濁し、正解の「米ハワイ州」は1人だけだった。

歴史家でジャーナリストのアン・アプルボーム氏は著書『権威主義の誘惑　民主政治の黄昏』の日本語版序文に、米国人のほぼ3人に1人がオバマ氏は米国生まれでないという陰謀論を信じ、トランプ氏の「支持基盤になった」と書いている。取材した限り、アプルボーム氏の指摘は的確だった。

トランプ氏は翌年の大統領選への出馬を模索していた2011年、「オバマはケニア生まれで、大統領の資格がない」と主張して注目を集めた。党内レースで首位争いに割って入ったが、オバマ氏が出生証明書の原本という「動かぬ証拠」を公開すると失速し、不出馬に追い込まれた。

だが、保守派にこの陰謀論は広く受け入れられていった。NBCニュースなどが2016年6～7月に行った世論調査では、共和党支持者の41％が「オバマ氏は米国生まれ」ということに同意せず、31%が肯定も否定もしなかった。同意したのは27%だけだった。

カリフォルニア大学ロサンゼルス校のパトリシア・ターナー教授（アフリカ系アメリカ人研究）は、「オバマ氏が初めて大統領選に出馬した2008年は、多くの白人にとって『黒人に米大統領であってほしくはない』と正直に言えるような時代ではなかった。白人至上主義と結びつけられて批判を浴びるからだ。自分の仕事への影響や評判、隣人との関係が問題になりかねないと心配したものだ。だから、『黒人だから投票したくない』のではなく、『生まれた場所や宗教などでウソをついているから投票したくない』ということにしようとしたのだ」と分析する。

トランプ氏を熱烈に支持するMAGAには、人種差別意識が色濃い。奴隷制度に始まる歴史的要因や異人種への優越意識など、理由は様々あろう。取材で特に痛感するのは白人が抱く「被害者意識」であり、そこから生じる異人種への攻撃的態度である。

アイオワ州に住むトランプ氏支持者の公務員リンダ・イザーターさん（60）は、「なぜ白人が攻撃されたり、損をしたりしなければならないのか。逆差別だ」と取材にまくし立てた。その上で、「アメリカの分断が始まったのは、差別的なオバマのせいだ。それまでは分断もなく、うまくいっていたのに」とオバマ氏を糾弾した。オバマ氏は在任中、人種問題を正面から取り上げることは極力避けてきたとされるが、トランプ氏支持者にはそんなオバマ氏の胸の内などお構いなしのようだった。

「厳罰よりも再犯防止」で治安悪化　サンフランシスコ

全米のリベラルな大都市では近年、ジョージ・フロイド事件のような白人警官による黒人に対する過剰な取り締まりを根絶する一環として、犯罪摘発よりも再犯防止に重点を置く急進左派の地方検事が増えた。人口あたりの収監者の割合で、黒人は白人の5倍以上に上っていることも、急進左派の改革意欲を後押ししている。

「警察を呼んでも報告書を書いて帰るだけで、捜査をしてくれない。壊されたドアや防犯カメラは自費で修理するしかない」

サンフランシスコ市内でたばこ店を経営するサニー・シュクールさん（51）は、こう嘆く。2021年頃から何度も窃盗被害に遭い、23年7月には現金2万ドル（約300万円）とたばこ100カートンを盗まれた。屋内外に計24台の防犯カメラを取り付けて

防犯カメラを示すたばこ店店主のサニー・シュクールさん。サンフランシスコで

いるが、10月初旬にはガラス戸を割られ、屋外の防犯カメラは壊された。レジのカウンターから見える位置にはマルチ画面モニターを設置しているが、狙われるのは決まって閉店後の夜間だ。

シュクールさんは「今、万引きをしている人たちは何も恐れていない。ここは警察署から10ブロックしか離れていないが、万引きしてもすぐに警官は来ないと分かっているから、怖くはないんだ」とあきらめ顔だ。

サンフランシスコで増加が指摘されるのは、財産被害を伴う犯罪だ。調査研究機関「カリフォルニア公共政策研究所」によれば、コロナ禍前の２０１９年と22年を比べると、サンフランシスコ郡では、店舗を狙った９５０ドル以上の窃盗は人口10万人あたり26％増えた。同研究所は報告書で「特にサンフランシスコで、高級店を狙ったスマッシュ・アンド・グラブ（ガラスを割って商品を盗む行為）が新聞紙上をにぎわせている」と解説した。

２０２３年になると犯罪件数自体は減少傾向に転じて前年比７・２％減となり、窃盗は11・３％減少した。ただ、警官の慢性的な人手不足から、少額の窃盗などの軽微な犯罪では通報しても警官がすぐに駆けつけられない状態が続いている。地元メディアは警察に届け出られていない犯罪が存在するとも指摘している。

ホームレスの姿も以前と比べて目立つようになっている。市内に８０００人以上いるとも言われるホームレスの多くが市中心部に集中し、違法薬物の売買も行われているため、体感治安は犯罪件数以上に悪化しているようだ。車上荒らしで窓ガラスが割られるのを防ぐため、市中心部では車の窓を全開にして駐車する様子も見られるほどだ。

市内で中国系移民向けのフリーペーパーを発行する李秀蘭さん（65）は「犯罪が多いためにサンフランシスコから出て行く人もいる。チャイナタウンも空洞化が進んでいる」と指摘する。家賃高騰も相まって、２０２２年の市の人口は20年の約87万人から6万人以上減少した。李さんは「チャイナタウンでちょっと漢方薬を買いたいと思っても、犯罪が多くてこられない。その結果、経済も悪くなるという悪循環に陥っている」と嘆く。

小売店は窃盗被害の多い中心部から相次いで撤退している。大手チェーン店は出入り口に警備員を配置して目を光らせ、客の退店時にレシートを確認するなどの努力を続けているが、対策には限界がある。

大手高級スーパー「ホールフーズ・マーケット」は2023年4月、約1年前に開店したばかりの店を閉鎖した。従業員が凶器で脅される事案が相次ぎ、店内のトイレでは薬物の過剰摂取で死亡した男性が発見されるという事態まで起きたため、撤退を余儀なくされた。

全米で1900店舗以上を展開するディスカウントストア「ターゲット」も同年9月、「窃盗や組織的な犯罪が従業員や顧客の安全を脅かしている」として、サンフランシスコやニューヨーク、シアトルなど主要都市の9店舗の閉鎖を発表した。

地方検事、異例のリコール成立

サンフランシスコ市民が不満をぶつけたのが、2020年1月に39歳の若さでサンフランシスコの地方検事に就任した急進左派のチェサ・ブーディン氏だ。ブーディン氏の両親は過激派集団「ウェザー・アンダーグラウンド」のメンバーで、ブーディン氏が1歳のときに警官らに対する強盗殺人事件で投獄された。両親と会えるのは刑務所内だけだった。こうした自らの体験をもとに、服役の長期化は残された家族らへの影響が大きいと痛感したという。さらには、刑務所で長期間を過ごした受刑者が出所しても、すぐに仕事が見つかるわけでもなく、再犯につながりやすくなるとの問題意識を持っていた。

ブーディン氏は「全てのサンフランシスコ市民に安全と正義を提供する」として、大胆な刑事司法制度改革を打ち出した。具体的には、刑務所の定員オーバーを防ぐため保釈金を不要にして勾留者を減らし、18歳未満の子があり更生プログラムを受けた非暴力犯罪の被告は、不起訴の対象とした。一方で、警官による違法行為に対しては徹底的に捜査する考えを示した。

起訴の対象とするかどうかの裁量権は地方検事にある。ブーディン氏の改革は起訴率の低下につながった。サンフランシスコ市内で起きた950ドル未満の窃盗に関する起訴率は、ブーディン氏の前任の地方検事時代は約7割だったのが、ブーディン氏就任以降は4割台に落ち込んだ。

市民は当然のように不満を募らせた。市内で飲食店を経営するアリス・キムさん

（49）も、市内の治安がここ数年で急速に悪化したと感じた1人だ。ホームレスが白昼堂々と店内の食料品をつかみ取って立ち去ることもしばしばで、「悪いことをした人には相応の悪い結果が待っている社会であるべきだ」と訴える。

こうした犯罪者に寛容な刑事司法制度改革への不満の高まりを背景に、地元の経済団体がブーディン氏のリコール（解職請求）に向けたキャンペーンを展開した。市を二分する争いが繰り広げられ、2022年6月の住民投票で賛成票が12万2588票、反対票が10万177票となり、リコールが成立した。リベラルな都市では異例と言える急進左派の検事の退場劇だった。後任検事にはブーディン氏の刑事司法制度改革に批判的で、リコール運動にもかかわったブルック・ジェンキンズ氏が就任した。だが、悪化した治安の回復には難渋している。

下がる士気、不足する警察官

治安回復に向けて鍵を握る警察の士気は必ずしも高くはない。ジョージ・フロイド事件を契機として、警官が白眼視されるような風潮が広がったことが一因だ。

サンフランシスコ市警では2020年8月から全警察署に「ブラック・ライブズ・マ

ター」と書かれたポスターを掲示している。市警本部長はポスターのお披露目の場で、「私たちは何百万人もの声に耳をかたむける」と強調し、全ての市民を尊重しながら安全を実現することを約束した。白人警官による黒人に対する過剰な取り締まりは明らかに行き過ぎで許されないケースが多かったとは言え、取り締まりにあたる警官らにソフトな態度で臨むよう求める呼びかけが、士気低下につながったのは否めない。

実際、市警では採用数が離職数に追いつかず、人手不足が慢性化している。市警によると、２０２３年４月時点で必要な警官は２１８２人で、これに５６２人が不足していた。市警の警官が加入する組合のトレイシー・マクレイ委員長（57）によると、フロイド事件後、年度末に30人ほどが退職する傾向が続いている。多数の出動要請に応えるため、他の専門部隊の一部をパトロール要員に配置転換せざるを得ないような状況だ。23年10月のインタビューでは、「事件を機に、警察予算の削減が始まった。１人の人間が犯したことのために、街に出て自分の能力を最大限発揮しようとしている多くの警官が支持されなくなった。むしろ不当に非難されているように感じる」と表情を曇らせた。人員不足は深刻を極めており、「休日を返上する超過勤務で不足分を補わなければならなくなった。１日に16時間働くこともある。通報の電話がかかってきたら、すぐ現場に駆けつける。それでも電話は鳴り止まない。過重労働がバーンアウト（燃え尽き症候群）を引き起こしている」と訴えた。

ロンドン・ブリード市長（民主党）はこうした状況に危機感を募らせ、2024年5月、警官の新規採用を増やして人員不足を補うため、警察予算を4670万ドル増額し、過去最高の8億2160万ドルとする新年度予算を発表した。

一方、米国の警察で人種差別的な取り締まりが横行してきたのも、また事実だ。司法省がフロイド事件後にまとめた報告書では、事件の起きたミネアポリスの路上で警官が黒人の通行人を呼び止めた割合は、白人の6・5倍だったと指摘した。

ブラック・ライブズ・マター運動が全米に広がり、警察は体質改善を迫られているが、不十分との見方も多い。警官による事件を追跡する非営利団体の集計では、警官に殺害された黒人は事件の起きた2020年は264人で、21年に289人、22年に307人、23年に320人と増加した。

しかし保守派の白人は、「日常的に警官が危険な相手を取り締まっている中で起きた不幸な出来事であり、警官が悪《あ》し様《ざま》に言われるのはかわいそうだ」といった意識を共有している。治安や警察を巡る問題は、白人と黒人の溝を深める大きな要素となっている。

ウォークな検事のトランプ氏起訴

保守派はここ数年、「ウォーク（Woke）」という言葉を好んで使う。wakeの過去形で、直訳すると「目覚めた」となるが、人種差別をはじめとする様々な社会問題に意識が高い人のことを指す。ブラック・ライブズ・マター運動が、「Stay woke（ウォークでいよう）」と呼びかけたことで一般化した。

ところがこの3〜4年、ウォークの用法は一変した。日本で言えば「意識高い系」という言葉に揶揄《やゆ》が混じるのと近く、保守派がリベラル派に浴びせる罵詈雑言として使われるようになっている。黒人らの抗議にいら立つ一部の白人が、この言葉に嫌悪の感情を凝縮しているかのようだ。

前述のサンフランシスコ地方検事だったチェサ・ブーディン氏も保守派から見るとウォークの代表格だが、おそらく最もウォークに映る地方検事は、ニューヨーク州マンハッタン地区検察のアルビン・ブラッグ氏だろう。トランプ前大統領が不倫もみ消しの費用を不正に処理したとして、2023年3月に起訴に踏み切った担当検事だ。トランプ氏が起訴された4つの事件の中で、先陣を切ったのもブラッグ氏だった。

ブラッグ氏は黒人の多いニューヨーク・ハーレムで育ち、公選制の地方検事に民主党から立候補し、黒人として初めて当選した。2022年1月の就任直後に事務所で配布した文書では、「21歳になるまでに6回銃を向けられ、そのうち3回は警官からだった」と警察への不信感をにじませ、「投獄は重大な被害を伴う問題に限定する」と宣言した。犯罪取り締まりよりも再犯防止を重視する方針を打ち出した。

一方、トランプ氏が起訴された不倫もみ消し疑惑は、大統領選のために不都合な事実を隠したのであれば確かに悪質な行為だが、不倫やその口止め料13万ドルを支払ったことが罪にあたる訳ではない。口止め料支払いを隠そうと業務記録に「弁護士費用」と虚偽の内容を記載したことが罪に問われ、2024年5月の有罪評決に至った。同じくトランプ氏が起訴された連邦議会占拠事件への関与や大統領選の開票作業への介入、機密文書持ち出し事件といった大統領在任中の疑惑と比較すると、重大な犯罪と思わない人も多いだろう。

ニューヨークのある弁護士は「トランプ氏を狙い撃ちにした起訴以外のなにものでもない。トランプ氏以外が同じ事件を起こしても、事件処理で多忙なマンハッタン地区検察が捜査するとは思えない」と言い切る。米国では地方検事の裁量が大きく、「ハムサンドだって起訴できる」との言い回しがあるほどだ。こうした事情から、保守派には犯罪に寛大な「ウォークな検事」が政治的思惑でトランプ氏を起訴し、有罪評決に至らしめたと映る。結果的に、ブラッグ氏による起訴とその後の有罪評決は、トランプ氏が好んで使う「魔女狩り」との主張に説得力を与える形になった。

半世紀ぶりに覆ったアファーマティブ・アクション判決

2024年5月、首都ワシントンのスミソニアン・アメリカ歴史博物館では、中南米移民のラティーノ（ヒスパニック系）の足跡を伝える企画展が開かれていた。

キューバからの亡命者が使った粗末なボートや差別を受けてきた歴史を示す写真が展示される中で、訪れた学生らが興味深そうに見つめていたのは、連邦最高裁のソニア・ソトマイヨール判事のメッセージだった。終身制の最高裁判事は9人しかおらず、重責を担い、高い権威を誇る。両親がプエルトリコ出身で、ヒスパニック系として初めて最高裁判事に就任したソトマイヨール氏は「ラティーノは米国で最も賃金が低い労働者層で、その貢献はしばしば無視され、過小評価されている」と寄せて、多様性のある社会の実現を呼びかけていた。

スミソニアンは、自然史博物館や航空宇宙博物館など、20を超える博物館や美術館、動物園を運営しており、黒人や先住民の歴史を紹介した博物館もある。連邦政府から財政支援を受けており、政治的な中立性や多様性を重視していることで知られる。

ところが、企画展を主催したアメリカ・ラティーノ博物館は、ヒスパニック系を優遇したとして突き上げを受けた。保守系団体「アメリカ平等権同盟」から、学生のインターンがほぼヒスパニック系で占められているのは「逆差別」だと訴えられ、2024年3月、選考基準に「あらゆる人種や民族の学生に平等に開かれている」との一文を追加した。

博物館は逆差別を否定しており、「長年、全ての応募者に平等に機会を与えている」と説明する。ただ、今後、ヒスパニック系の歴史や文化に焦点を当てた博物館であっても、ヒスパニック系に偏って採用するのは難しくなる。

白人保守系活動家でアメリカ平等権同盟のエドワード・ブラム会長(72)は「博物館学に関心を持つ学生なら、人種に左右されることなく機会を与えられるべきだ。企業、法律事務所、大学、文化機関は、違法で人種排他的なプログラムや政策を廃止しなければならない」と強調する。

アメリカ平等権同盟は、ヒスパニック系だけを標的にしているわけではない。これに先立つ2023年8月には、大手法律事務所のパーキンス・クイとモリソン・フォースターに対し、学生向けプログラムの募集方法を見直すように求めた。どちらも、黒人などの有色人種、LGBTQ（性的少数者）などが条件になっていたといい、白人というだけで応募できないのは「排他的だ」などと指摘した。2つの法律事務所が、白人を含めて誰でも申し込めるように条件を変更したため、訴訟を取り下げた。

アメリカ・ラティーノ博物館や2つの法律事務所が推進しようとしたのは「DEI」と呼ばれる考え方で、現在では政府機関や大学、企業などにも幅広く採用されている。多様性（Diversity）、公平性（Equity）、包括性（Inclusion）の頭文字をつなげた略称で、さまざまな個性を尊重することが、組織や社会の成長につながるとの考え方に基づく。帰属意識（Belonging）を含めて「DEIB」と呼ばれることもある。歴史は古く、人種差別の撤廃と平等な権利の確立に向けて、公民権運動が盛り上がった1960年代から存在する。

DEIを実現するため、大学や企業などは、人種、国籍、性別などで差別を行わないように研修を行ったり、視覚や聴覚に障害がある社員が働きやすいように職場を改善したりすることに力を入れてきた。ブラック・ライブズ・マター運動が広がると、さらなる推進に向けて、専門部署や役職を設ける動きも相次いだ。

風向きが変わったのは2023年6月に出たアファーマティブ・アクション（積極的差別是正措置）に関する連邦最高裁の判決だった。この訴訟の原告は、エドワード・ブラム氏らによる別の団体だった。最高裁はハーバード大学とノースカロライナ大学チャペルヒル校が入学選考で黒人らを優遇していることについて、「法の下の平等」を定めた憲法修正14条に違反すると結論づけたのだ。

アファーマティブ・アクションとは、社会的・構造的な差別で不利益を被る人種的少数派や女性などを一定の範囲で優遇することで、実質的な格差の是正を図ろうとする制度である。歴史的に差別を受けてきた黒人や先住民族、ヒスパニックを対象に、大学の入学者選抜や企業の採用などの場面で用いられてきた。ケネディ大統領が1961年に署名した大統領令で、「政府と取引する請負企業は、人種や信条、肌の色、出身国に関係なく、応募者や雇用者を確実に取り扱うよう積極的な行動を取らなければならない」と定めたことが始まりとされる。公民権運動の高まりを受け、続くジョンソン大統領が是正措置を具体的に規定し、多くの大学や企業で人種に配慮した選考が広がった。

連邦最高裁の判決は、判事が保守色の強い構成となっていることが影響した。9人の判事は終身制で、大統領が指名する。現在はトランプ氏ら共和党の大統領が指名した保守派が6人、民主党の大統領が指名したリベラル派が3人という構成になっており、保守派の6人が憲法違反との考え方を支持した。

ブラム氏は、人種ごとの教育水準に格差があるからといって、特定の人種が優遇されれば、他の人種は入学のハードルが上がると指摘し、「人種や民族を理由に、個人の努力が無駄になるようなことはあってはならない」と強調する。判決も、こうした考え方に近く、2校の選考方法について「人種ではなく、個人としての経験に基づいて評価されなければならない。多くの大学は正反対のことをしてきた」との考えを示した。

訴訟は、あくまで大学の入学選考が争点だったが、是正措置を容認した1978年の判決が約半世紀ぶりに覆されたことで、DEIに力を入れてきた企業や大学は、一転して見直し圧力にさらされている。勢いづいた保守系団体から訴えられるリスクを避けるため、「特定の人種を優遇していない」などと釈明したり、関連部署の縮小などに追い込まれたりしているという。

DEIはどこに向かうのか

DEIは米国を分断する政治的テーマになっている。トランプ氏は「連邦政府のあらゆるDEIプログラムを終了する」と宣言し、保守系の支持者に寄り添う姿勢を見せている。大統領在任中の2020年には、人種に配慮した研修などを禁止する大統領令を出したが、民主党のバイデン大統領が就任すると取り消された。トランプ氏が24年11月の大統領選で復権すれば、再び禁止措置をとる公算が大きい。

議論は11月の大統領選に向けて、拍車がかかっている。バイデン氏に代わって民主党指名候補となったカマラ・ハリス副大統領は、ジャマイカ出身の父親とインド出身の母親のもとに生まれ、2021年に女性、黒人、アジア系として初めて副大統領になった。

ハリス氏はカリフォルニア州司法長官や上院議員を歴任してきたが、保守派の共和党議員らは「DEIの副大統領」などと揶揄し、ハリス氏が出自によって実力以上のポストに就いてきたと中傷している。これに対して、ハリス氏を支持する民主党議員らは「差別的だ」などと反発している。

バイデン氏と同様にDEI推進の立場をとるハリス氏は「平等（equality）と公平（equity）には大きな違いがある。公平（の実現）が私の生涯の仕事だ」と繰り返し述べており、全ての人に同じ支援や機会を提供するのではなく、境遇に応じて調整を行う必要があるとの立場だ。

マイノリティーには保守派のDEI軽視に不満の声が広がる。黒人女性で非営利組織（NPO）「YWボストン」会長のベス・チャンドラーさん（57）は「人間が本質的に平等なら、なぜ白人男性が組織のリーダーや権力者である割合が高いのか。資格や技術、経験があるなら、性別や人種に関係なく機会を与えられるべきだ」と語る。2022年に世界企業番付「フォーチュン500」に名を連ねた名門企業で、黒人の最高経営責任者（CEO）は約2％にとどまっていることなどが念頭にある。結果が伴っていないのは、マイノリティーに機会が平等に与えられていないからだ、という考えが根底にある。

一方、マサチューセッツ州ボストンで金融機関向けソフトウェアの販売を手がける白人男性（63）は、業界に白人男性が多いことについて「差別すべきではないし、差別はしない。ただ、最高の人材を求めているだけだ」と主張する。

男性は差別に反対する研修を毎年受け、多様性の重要性も理解しているという。ただ、優秀と考える人材を集めたら、結果的に白人男性が多くなったといい、「バスケットボールのトップ選手はほとんどが黒人だ。それと同じで、業界で最も有能なのが白人男性ということになる」と語る。多様性の推進を掲げる男性の会社は、女性の採用にも力を入れているが、出張や長時間労働が多いこともあり、家庭や子育てとの両立を理由に敬遠されがちだと明かす。

経済界の意見は割れている。金融界の「ご意見番」として知られる金融大手JPモルガン・チェースのジェイミー・ダイモン最高経営責任者（CEO）は「社会的、経済的格差を埋めようとすることは何も悪いことではない」と強調する。DEIが顧客基盤を広げて、将来的に銀行や株主にプラスに働くとの立場だ。

これに対し、電気自動車（EV）メーカー「テスラ」のイーロン・マスクCEOはX（旧ツイッター）で「DEIは人種差別を言い換えた言葉にすぎない。使う者は恥ずべきだ」「不道徳であり、違法」と批判している。著名投資家のビル・アックマン氏もXに約4000語の長文を投稿し、DEIが実力主義を否定していると不満を漏らし、「純粋な意味で多様性を追求するのではなく、特定集団のための政治運動になっている」と切り捨てる。

しかしその他の多くの企業は、推進派も反対派も顧客や取引先に抱え、摩擦を起こしたくないためか、「沈黙」している。

世論も割れている。アファーマティブ・アクションは黒人らの社会進出を後押ししたとする声がある一方で、白人や優遇の対象外であるアジア系には「個人の努力や能力を軽視している」などと反発の声が多い。調査機関ピュー・リサーチ・センターなどが2023年3～4月に行った調査では、大学の是正措置について、黒人は47%が賛成し、反対の29%を上回った。ヒスパニックも賛成と反対はいずれも39%だった。これに対し、アジア系は反対が52%、白人も反対が57%で過半数を超えた。全体では賛成が33%、反対が50%だった。

「逆差別」との批判に対応するため、すでにカリフォルニア、フロリダ、アリゾナなど9州の公立学校では、人種に基づく是正措置は禁止された。影響はすぐに表れ、1996年に全米で初めて廃止が決まったカリフォルニア州を見ると、カリフォルニア大学バークレー校の新入生における黒人の比率は95年の6・32%から98年に3・37%へと低下した。ヒスパニックも同じ期間に15・57%から7・28%に下がった。カリフォルニア大学ロサンゼルス校も同様の結果が出たという。米都市研究所によると、ミシガン州の名門ミシガン大学も人種を考慮した入学選考をやめたところ、黒人の入学者は2006年から21年にかけてほぼ半分になった。

2023年の最高裁の判決を受け、是正措置を導入している公立大学などは見直しに動いている。奨学金の支給基準から人種を外す大学も相次いでおり、影響は全米に広がると見られている。

第2章

青い州vs.赤い州

キリスト教、LGBTQ、気候変動

減り続けるキリスト教信者

米国には「宗教国家」の顔がある。1620年、メイフラワー号に乗ったピューリタン（清教徒）が自由な信仰を求めて英国から渡り、建国の礎となった。それ以来、米国社会ではキリスト教が長年にわたり、共通の価値観となってきた。

大統領就任式が象徴的だ。新大統領は右手を掲げつつ、左手を聖書に置き、「神に誓って（So help me God）」と宣誓する。就任式で聖書を用いるのは初代大統領ジョージ・ワシントン以来の慣例だ。トランプ前大統領は、第16代大統領エイブラハム・リンカーンが使った聖書と母親からもらった聖書の2冊の上に手を置いて宣誓した。バイデン大統領はバイデン家に引き継がれてきた聖書を用いた。大統領が神を強調するのは就任式に限らない。演説を締めくくるときは必ずと言っていいほど、「米国に神のご加護を（God bless America）」と口にする。

学校生活でも宗教色は残っている。公式行事で暗唱される国家への「忠誠の誓い（Pledge of Allegiance）」は、このような文章だ。「私はアメリカ合衆国の国旗と、それが象徴する、万民のための自由と正義を持ち、分割すべからざる神の下の1つの国家である共和国に、忠誠を誓います」。学校によっては毎朝、生徒に暗唱を義務付けているところも多く、幼い子供の頃から日常的に「米国は神の下の1つの国家」という言葉を聞いて育つ。

そのような米国のキリスト教が近年、変化の波にもまれている。都市部を中心に信者が減り、教会閉鎖が相次いでいるのだ。

老人ホームに姿を変えた教会を指さすブライアン・ドールハイドさん。建物の上には十字架が残っている。イリノイ州シカゴ郊外で

中西部の大都市シカゴ。ここに教会を専門に扱う不動産会社がある。2023年10月、経営するブライアン・ドールハイドさん（64）に話を聞いた。

ドールハイドさんは過去約25年間で2600以上の教会と関連施設の売却などを手がけたベテランだ。全米には推計約35万の教会があり、ドールハイドさんの下には頻繁に、全米各地の教会や関連施設から売却の依頼が舞い込む。扱う件数はおよそ10年前から増加を始めた。5年前からは倍増に近い勢いだという。

シカゴ郊外の住宅地に、ドールハイドさんが手がけた物件がある。シスターによるとこの建物は、彼女たちが長年研修などで使ってきたものだったが、研修への参加人数が減り、維持運営費がかさむようになったため、手放さざるを得なくなったのだという。もっと小さな建物に移りたいと考えたシスターらが売却を依頼したのがドールハイドさんだった。建物の壁には、まだはっきりと十字架を取り外した跡が残されていた。自閉症などを抱える子供のための学校として、新たなスタートをまもなく切るのだという。

黒人居住者が多い地区の教会は、先進的な学校に姿を変えていた。教師の1人は「生徒らは、美しい飾り窓がある高い天井のカフェテリアで食事をするのをとても楽しんでいます」と語った。老人用の居住施設に姿を変えた教会もあった。キリスト教関連施設が運営しているとのことで、祭壇なども建物にそのまま残されていた。シカゴ中心部にあるステンドグラスが美しい教会は隣接する駐車場を手放し、そこは今や大規模な商業施設に変身していた。

ドールハイドさんは、自身も熱心なキリスト教徒だ。連日教会に通い、朝晩と2回訪れる日もあるという。子供たちもそうした日常の中で育った。だが、子供たちは成人後、教会に通う頻度がめっきり減っているという。ドールハイドさんは「米国の価値観が崩れている」と嘆いた。

実際、米国ではキリスト教徒の比率が低下し続けている（図2）。ギャラップ社の調査では、キリスト教徒の割合は１９７０年まで9割、２００４年まで８割を維持していたが、22年には68％まで落ち込んだ。これに対し、無宗教の人は01年までは１割未満を保っていたが、移民の増加などを背景に右肩上がりとなって、22年には21％に達している。

図2　米国のキリスト教徒と無宗教の人の割合

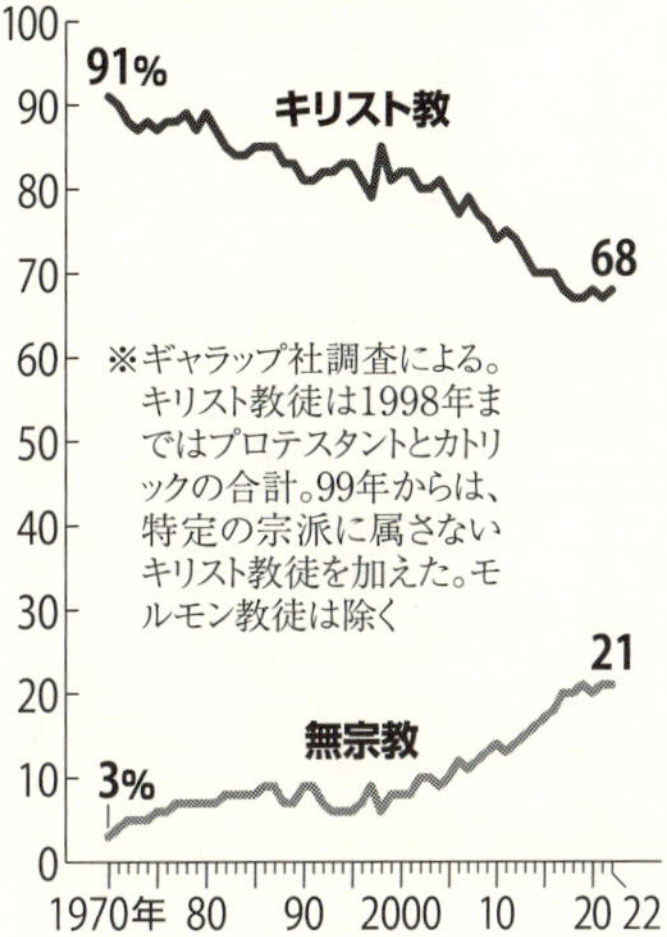

※ギャラップ社調査による。キリスト教徒は1998年まではプロテスタントとカトリックの合計。99年からは、特定の宗派に属さないキリスト教徒を加えた。モルモン教徒は除く

信仰離れが目立つのは、１９９０年代半ばから２０１０年頃までに生まれた「Z世代」やその上の「ミレニアル世代」だ。Z世代は無宗教が約３割を占める。若い世代になればなるほど、ＬＧＢＴＱの権利拡大が象徴する社会の多様化を享受している。こうした多様な価値観が、伝統的価値観を重視す

るキリスト教とかみ合わなくなっている。

南部ノースカロライナ州に住むコンサルタントのネイサン・カムさん（31）はプロテスタントの「福音派（エバンジェリカル）」信者だったが、2021年に信仰を捨てた。カムさんは信心深い両親の下、東部メリーランド州で育った。人気ゲーム「ポケットモンスター」で遊んだり、漫画を読んだりすることは「宗教上好ましくない」として許されなかった。厳しい家庭だった。

両親はハワイ州出身で、カムさん自身もアジア系だ。近隣はアジア人が少ない地域で、疎外感を感じることがあった。それでも両親が近所の人を呼んで開く聖書の勉強会や、教会に通うことで、周りにいる大多数の白人と「同化した」と安らぎを覚えた。

大学への進学を機に親元から離れて暮らすようになると、カムさんの世界は一気に広がった。両親は常々、カムさんに「キリスト教徒以外の人とは分かり合えない」と教えてきた。だが、大学で出会った友人は、人種が多様なだけではなく、宗教や性自認でも様々な価値観を持っていた。次第に自身が教わってきたことに違和感を持つようになった。新型コロナウイルスの流行で自宅に引きこもる生活が続いたことも、内省のきっかけとなった。悩んだ結果、信仰を捨てることを決めた。

「信仰は私のすべてだった。この決断は肉を骨から引きはがすようなものだった」と振り返る。

米国では、カムさんのような若い世代の転向が現在と同じ割合で続いた場合、2045年にはキリスト教徒が全体の半分以下となるという試算もある。

勢いを増すキリスト教ナショナリズム

こうした状況に危機感を募らせるのが、カムさんも信者だったプロテスタントの「福音派」だ。約3分の2が白人で、アメリカ人の約25％が福音派との調査結果もあり、米国の宗教では最大勢力となっている。

福音派は聖書の記述を「神の言葉（福音）」として重んじ、神が世界を作ったとする「天地創造説」を信じ、進化論は決して認めない。進化論を認めるのは聖書の否定につながるためだ。保守的な信条でも知られ、人工妊娠中絶や同性婚には猛烈に反対する。聖書に、女性のイブが男性のアダムの骨から造られたという一節があることなどから、伝統的な男女の役割分担や家父長制も支持する。

リベラルな公立学校の教育を嫌い、自宅で宗教色の濃い教育を行う人も多い。全米の約5％の児童・生徒が自宅教育（ホームスクール）で育てられ、このうち75％が宗教上の理由との調査結果もある。

福音派の団体「ジェネレーション・ジョシュア」は、ホームスクールの若者を支援することを目的に、2004年に設立された。独自のテキストを使ってオンラインで公民や歴史などの授業を提供している。キリスト教の保守的な価値観に基づいた教育が特徴で、公民の教科書には、「建国の父」の1人で独立宣言にも署名した医師のベンジャミン・ラッシュが、第3代大統領トマス・ジェファーソンへの手紙にしたためた「私は、キリスト教が共和主義の強固な基盤だと考えてきた」という言葉が引用されている。

元中心メンバーのアレックス・ハリスさん（35）は「学校から子供を引き離して家庭で教えるキリスト教徒は、エジプトの奴隷状態だったイスラエルの民を解放に導いたモーセのようなものだ」とホームスクールへの感謝を口にする。

ジェネレーション・ジョシュアは、キリスト教の価値観に基づいて教育された若者を社会の指導者層に押し上げることを目標としており、サマー・キャンプでは、大統領や国会議員、外交官などに扮《ふん》して課題を解決するプログラムを提供する。オンラインでは、選挙の仕組みや勝ち方などを教えるクラスもあり、2021年には団体出身の20歳代の下院議員も誕生した。ハリスさんは、「法律や政治における成功は神からの特別な使命の一部である」と語る。

シカゴに住む作家、ケイト・ウエストさん（35）もホームスクールで育ったが、考えは全く異なる。

ウエストさんは、コロラド州の厳格な福音派家庭で育った。両親は公立学校が「リベラル過ぎる」として通わせず、自宅で教育した。良き妻、母になるため、料理や裁縫が重視され、兄弟には認められた大学進学は、女性であるという理由で許されなかった。ただひたすら、良き家庭の主婦になることを運命付けられていた。ひどい精神的な落ち込みも経験した。

両親の保守的な考えは、政治や思想にも及んだ。父は、南北戦争で奴隷制度廃止に反対して戦った南部連合は「正しかった」と教え、「米国はキリスト教国家であるべきだ」と語った。25歳で自宅から逃げ出すまで、ウエストさんは「キリスト教ナショナリズムを教えられて育った」と語る。

キリスト教ナショナリズムとは、米国をキリスト教国家にしようと目指す政治的な運動を指す。福音派が主に運動を支えており、リベラル色が濃かった民主党のオバマ政権への反発から勢いを増した。今や、トランプ前大統領を支える岩盤支持層の一翼を担っている。トランプ氏は在任中、福音派の熱望するエルサレムへの在イスラエル米大使館移転を実現した。保守派の最高裁判事3人を任命して、中絶禁止を容認する最高裁判決につなげた。福音派は2021年1月6日の連邦議会占拠事件でも、多数の信者が暴徒に加わった。

キリスト教が専門のカルバン大学のクリスティン・ドゥメ教授は、福音派が宗教における「最も積極的な政治勢力だ」と指摘する。その上で、福音派の政治における役割について、「何が起きても『神は我々の味方である』と主張し、過激な主張を過激でないように見せ、社会の支持を得やすくしている」と分析する。

バイブルベルトに漂う異論を許さぬ空気

福音派は、バイブルベルトと呼ばれる南部に多い。奴隷制度を維持しようと南北戦争を戦った南部連合構成州とかなりの部分が重なり、北はカンザス州からバージニア州、南はテキサス州からフロリダ州のあたりを指す（図3）。福音派で最大勢力の南部バプテスト教会は信者数約1300万人、教会数約4万7000を誇る。バプテスト教会は

1845年、奴隷制度を巡る対立で南北に分裂し、南部バプテスト教会は奴隷制度を支持した。南部バプテスト教会がかつての奴隷制度支持を謝罪したのは1995年のことだ。

図3 福音派などキリスト教保守派の多いバイブルベルト

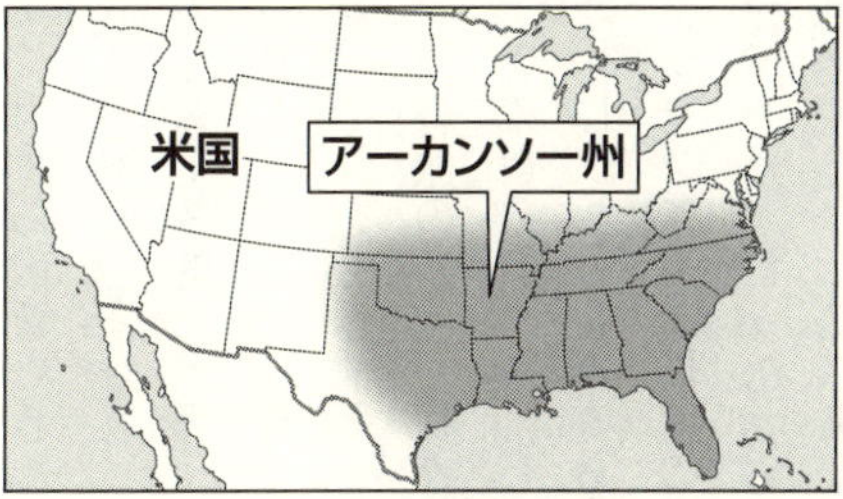

南部アーカンソー州の教会で牧師だったケビン・トンプソンさん（45）は、大統領選の共和党候補にトランプ氏が初めて指名された直後の2016年7月、自らのブログに「私は今でも人格が重要だと信じている」と題した文章を掲載し、トランプ氏への不満を強くにじませた。

「不倫を繰り返した牧師は赦されるかもしれないが、教会の指導を続けるべきでない。生徒に不適切なことを言った教師は、前に進むことはできても、子供たちのそばで信頼されるべきではない。自分の不道徳を認めようとしない指導者は、重要なことをすることはできるが、指導することは許されるべきではない」

トランプ氏は当時から、女性を蔑視する発言やマイノリティーに対する敵意むき出しの言動が物議を醸していた。トンプソンさんの文章はトランプ氏を強烈に当てこすったものだった。さらには、「ビル・クリントン（元大統領）を反キリスト教的だと考えていた多くの人々が、ビル・クリントンが赤面するような人物を支持している」と書き連ねた。福音派はかつて、ホワイトハウス実習生と不倫関係になり、それをもみ消そうとしたクリントン氏を嫌悪し、激しく非難してきた。それなのに、福音派の多くが様々な疑惑や問題を抱えるトランプ氏を支持していたため、トンプソンさんはこれを強烈に皮肉った。もちろん、信者たちにとってはトンプソンさんの言葉は許しがたいものであり、トンプソンさんへの反発が広がった。

トンプソンさんと信者の決裂が決定的になったのは、ブラック・ライブズ・マター運動を擁護したブログの文章だった。トンプソンさんは「私たちの教会では、『黒人の命は大切だ』と喜んで、快く、声高に宣言する。これは決して、他の人々の価値を軽んじたり貶《おとし》めたりするものではない。『黒人の命は大切』だと言うからこそ、すべての命が大切だと正直に言える」「すべての人は神の似姿として創造され、価値を持っている」と思いをぶつけた。

すると、信者たちから非難の集中砲火を浴びる結果となった。福音派信者の多くは、トランプ氏やその支持者のことを「差別主義者」と声高に批判するブラック・ライブズ・マター運動を嫌悪していた。トランプ氏も自らの支持者を代弁するかのように、ブラック・ライブズ・マター運動を「憎悪の象徴」と表現し、対決姿勢を取ってきた。多くの信者たちにとって、トンプソンさんの主張は全く受け入れられないものだった。

トンプソンさんは「根底には人種差別がある。それは米国に焼き付いた側面である」と嘆息する。生まれ育ったアーカンソーに「住み続けるつもりだった」というが、これを機にリベラル系の多いカリフォルニア州への引っ越しを余儀なくされた。福音派の教義を捨てたわけではなく、今も牧師として活動する。だが、こうした経験を重ねたからこそ、トンプソンさんはこう疑問を投げかける。

「教会に通う人たちが『キリストの教えだ』と思い込んでいるのは、実際には彼ら自身の政治的な信条なのではないか」

トランスジェンダーを巡り過熱する教育論争

米国は保守的な宗教国家の顔を持つ一方、世界に冠たる多様な社会であり、新しい価値観を求める声が響き渡る国でもある。ＬＧＢＴＱの権利拡大もその1つだ。Ｌはレズビアン（女性の同性愛者）、Gはゲイ（男性の同性愛者）、Bはバイセクシュアル（両性愛者）、Tはトランスジェンダー（自分が認識する性と出生時の性が異なる人）、Qはクエスチョニングやクィア（性自認や性的指向が定まっていない、定めていない人）を指す。

民間調査機関ピュー・リサーチ・センターは2023年6月、米国の成人の7％がレズビアン（女性の同性愛者）、ゲイ（男性の同性愛者）、バイセクシュアル（両性愛者）のいずれかを自認しているとの調査結果を発表した。年齢別にみると、65歳以上が2％、50～64歳は5％、30～49歳は8％、30歳未満は17％と若年層ほど高かった。米疾病対策センター（CDC）は23年4月、全米の高校生の4人に1人がLGBTQと自認しているとの報告書を発表した。

米国でLGBTQの運動が盛り上がり始めたのは、1960年代後半頃からだ。黒人の公民権運動やウーマンリブ（女性解放）運動が盛んになった機運に乗って、同性愛者らも権利を求める声をあげた。73年にはこうした運動に押されるように、米国精神医学会が同性愛を精神疾患としていた見解を撤回した。だが、保守派の反動は強く、同性愛者だと公表した上でサンフランシスコ市議に当選したハーベイ・ミルク氏は78年に市庁舎内で射殺された。86年には肛門性交などの同性愛行為を禁止する州法を合憲とする最高裁判決が下され、96年には同性愛者同士の結婚を正式な結婚と認めない「結婚防衛法」が成立した。それでもＬＧＢＴＱの権利拡大を希求する声は止まらず、２００３年には最高裁が１９８６年の判決を覆して同性愛行為を禁止する州法を違憲とし、２００４年には米国で初めてマサチューセッツ州が同性婚を認めた。最高裁は15年、同性婚の権利を全国的に保障する判決を出した。

同性婚が認められたことは同性愛者の権利拡大を図る上で大きな節目となった。そして現在、米国でＬＧＢＴＱを巡る論争の中でも最も白熱しているのが、トランスジェンダーの権利拡大を巡る問題だ。価値観を巡る保守とリベラルの「文化戦争」の中でも、トランスジェンダーを巡る論争は主戦場の１つとなっている。

リベラルな土地柄で急進左派の影響力が強いカリフォルニア州は、子供の性自認やトランスジェンダーに関し、全米の中でも先進的な取り組みが目立つ。州内の一部教育委員会は小学校でのＬＧＢＴＱ教育の導入を推進している。

その代表格であるロサンゼルス教育委員会は２０２３年6月、「ＬＧＢＴＱの青少年はいじめ被害や自殺のリスクが高い」として、全学校にＬＧＢＴＱの理解増進に向けた教育の導入を求める決議を採択した。10月には「ナショナル・カミング・アウト・デー」と称したＬＧＢＴＱ週間を設け、教員が教育計画を立てた上で、トランスジェンダーの著名人や性自認についてクラスで議論させるよう求めた。児童に人種、性自認、宗教などに関する自分の経験や立ち位置を示す「アイデンティティー・マップ」を作成させ、校内に掲示することも提案した。

教員向けの資料では、性自認に疑問を持つ児童が語り合うことを目的とした「レインボー・クラブ」を結成するよう求めた。この資料には、生徒が教員にＬＧＢＴＱであることをカミングアウトした場合、「保護者には必ずしも知らせる必要はない」と明記した。

こうした教育委員会の取り組みに対し、地元の保護者団体「リーブ・アワ・キッズ・アロン（私たちの子供に手を出すな）」は反対運動を展開している。特に、保護者に児童の性自認を知らせる必要はないとしたことに拒否反応を示しており、児童に対する「グルーミング（手なずけ行為）」だとして猛反発した。

教育界は必ずしも一枚岩ではない。ロサンゼルスのある小学校の校長は「私たちのコミュニティーではＬＧＢＴＱの問題は表面化しておらず、保護者が不快に感じるような教育は導入しない」と語った。

一方、サンフランシスコでＬＧＢＴＱの若者を支援する団体を創設したバレリー・グリソン・アルソップさん（57）は、ＬＧＢＴＱの子供たちは性自認について周囲の大人に相談できず、孤独を感じるケースが散見されると指摘する。「カミングアウトした若者が家を追い出されたり、家族から虐待を受けたりする恐れもある」とも語り、教育委員会の方針を擁護する。その上で、「学校は家庭の枠にとらわれない『寛容な心』を育てる場だ。時には家族にとってあまりうれしくないことでも、家族以外の様々な考え方に触れることが、人間としての成長につながる」と学校でのＬＧＢＴＱ教育の必要性を訴えている。

LGBTQ教育反対を訴え、デモ行進を行う人たち。カリフォルニア州ロングビーチで

子供に対する性別適合医療

カリフォルニア州内では子供が大人の体へ

と変化していく「第2次性徴」を抑制するため、思春期の子供に対するホルモン抑制剤投与などの性別適合医療が認められている。ロサンゼルス小児病院はウェブサイトで、「性別違和を持つ子供の低年齢化が進んでおり、思春期が始まると、抑うつ、不安、孤立、自傷行為、自殺のリスクが高い」と早期治療の必要性を説く。思春期の初期段階にある子供には第2次性徴を抑制する治療を行い、思春期後期では身体的な性を本人の性別感覚に近づけるためのホルモン剤投与を行うという。

一方、こうした教育や医療に反対する複数の団体は2023年10月、全米30か所で一斉に抗議集会を開き、デモ行進を行った。ロサンゼルス郊外のロングビーチで開かれた集会では、息子から第2次性徴を抑制する「思春期ブロッカー」と呼ばれるホルモン抑制剤投与をねだられたという女性がマイクを握った。女性は「ゲイの息子は14歳の頃、トランスジェンダー・イデオロギーに巻き込まれた。それから5年間は悪夢のようだった」と体験談を語った。「トランスジェンダー・イデオロギー」とは、生物学的な性別よりも、自身が内面で感じる性自認を優先すべきであるという考えだ。女性は「息子は19歳になって目が覚め、正気に戻り、自分が（トランスジェンダーではなく）ただのゲイであることに気づいた」と明かし、「私の息子は助かったが、そうでない家族もたくさんいる。私たちはこれを止めなければならない」と呼びかけた。

主催団体のメンバー、メグ・マルティネスさん（41）は、「子供たちを学校での洗脳から救いたい。特に小学生がＬＧＢＴＱについて知る必要はない」と訴える。性別適合医療についても、「子供たちの体に取り返しのつかないダメージを与える」と危機感をあらわにした。

トランスジェンダーの若者の相談に乗ってきたニューヨークのセラピスト、サラ・ストックトンさん（37）は「私が最も懸念しているのは、フォローアップ・ケアに関する研究が不足しているという点だ。性別適合医療を受けた青少年の身に何が起こっているのか、十分に追跡されていない」と指摘する。「そのような選択肢が学校で子供たちに提示されるのは、危険なことだ」と警鐘を鳴らしている。

図書館に強まる「禁書」要求

ＬＧＢＴＱを巡る価値観の隔たりは、図書館でも論争を巻き起こしている。

ロサンゼルス郡内で最もＬＧＢＴＱに寛容な自治体とされ、ＬＧＢＴＱの住民が４割以上を占めるウエストハリウッド市の図書館では、年６回、ＬＧＢＴＱによる絵本の読み聞かせイベントが開かれている。

「自分の生まれ故郷に誇りを持とう。僕はオハイオ出身で、それほど誇らしくもないんだけど、誇りを持とうと努めているよ」

２０２３年10月、ハンチング帽につけひげ姿のオディアス・アリさん（53）は『ビー・フー・ユー・アー（ありのままで）』と題した本を手に取り、保護者と一緒に訪れた約30人の幼い子供たちに語りかけた。同書はＬＧＢＴＱを取り上げた本ではないが、人種や出身地にかかわらず、自分らしく生きることの大切さを説いている。アリさんの心情を代弁する内容だ。

オハイオ州で女性として生まれ、男女どちらでもない「ノンバイナリー」を自認するアリさんは、「田舎の両親はとても保守的だから、自分らしくいるのが難しかった」と生きづらさを感じていた若い頃を振り返る。

読み聞かせイベントはこれまで幾度となく、開催中止を求める人物から脅迫を受けた。イベントを主催するドラァグクイーン（女装したパフォーマー）のピックルさん（31）は「民主主義の礎である子供たちの読書について、否定的で暴力的な反応は示すべきではない」と訴える。

図書館に対しては、ＬＧＢＴＱに関する本を「禁書」とするよう要求する声が保護者らから強まっている。米図書館協会（本部・シカゴ）は２０２４年3月、23年に全米の図書館で利用者や保護者、圧力団体などから有害だとして書架から撤去するよう要求された本は計４２４０タイトルに上り、前年の２５７１タイトルから65％も増えて過去最多となったと発表した。撤去要求が最も多かった10冊のうち、７冊がＬＧＢＴＱをテーマに取り上げたものだった。こうした動きについて、同協会知的自由事務局のデボラ・コールドウェル・ストーン事務局長は「禁書の要求は、社会の中で沈黙させられがちな人々の声を高める本を（図書館で）選び、読むという、憲法で保護された一人ひとりの権利を否定しようとするものだ」と批判している。

特に父親が２人いるペンギンの家族を描いた絵本『タンタンタンゴはパパふたり』は、撤去派と擁護派の間で議論を巻き起こしている。ニューヨークの動物園で、ペアとなったオスのペンギンが、他のペンギンのカップルが育てられなかった卵の孵化《ふか》に成功したとの実話に基づく。

全米の作家やジャーナリストら７５００人以上が参加する非営利団体「ペン・アメリカ」は２０２３年5月、「公立学校の図書館からＬＧＢＴＱに関する本を撤去したのは、表現の自由を保障した憲法修正1条に違反する」として、フロリダ州エスカンビア郡の教育委員会を相手取り、連邦地裁に提訴した。原告側は「生徒から幅広い視点へのアクセスを奪っている」と教育委員会の対応を批判した。

これに対し、同州のアシュリー・ムーディー司法長官は連邦地裁に提出した準備書面で、「州には公立学校の図書館にどのような資料を収蔵するかを決定する権限がある」との見解を示し、「原告にはその懸念を投票箱に投じる自由はあるが、学校図書館を通じて小学生に自身の好みの考えを教え込む憲法上の権利はない」と原告側の主張を否定した。

『タンタンタンゴはパパふたり』を巡っては、バージニア州ウォーレン郡の図書館も住民団体から撤去の申し立てを受けた。郡は「子供を性的なものから守るため」として図書館の運営予算を一部凍結したため、図書館は一時閉鎖の危機に直面した。

こうした動きに対抗するため、ウエストハリウッドの公立図書館は2023年10月1〜7日を「禁書週間」として、ロビーの目立つ場所に『タンタンタンゴはパパふたり』『ヘザー・ハズ・トゥー・マミーズ（ヘザーには2人のママがいる）』など全米各地の図書館で撤去が相次ぐ18冊を掲示した。

「親の権利」を掲げ、全米各地に支部を持つ非営利団体「マムズ・フォー・リバティー（自由のための母親の会）」共同設立者のティファニー・ジャスティスさんは「子供たちは教室で行われる学習の延長として、図書館で楽しみと充実感を得ている。私たちは図書館にある本が、本来あるべき学習を補足するような、吟味された内容であることを確認したい」と主張する。

対立はディズニーに波及

保守化が進むフロリダ州では2022年3月、LGBTQを巡る教育を小学3年生まで禁止する法律が制定された。民主党が反対に回る中、州議会で多数派を占める共和党が押し切った。その後、対象は高校生まで拡大された。

主導したのは、共和党のロン・デサンティス知事だ。2024年大統領選の共和党指名候補争いにも立候補したデサンティス氏は、性の多様性について教えることは「子供に対する洗脳だ」とし、子供に教えるかどうかを決めるのは「親の権利」だと訴えた。

デサンティス氏は「ミニ・トランプ」と称され、移民や人工妊娠中絶などに対する攻撃的、過激な言動で知られる。そのデサンティス氏肝いりの政策に対し、リベラル派は

「Don't say gay bill（「ゲイと言うな」法）」と呼び猛反発した。バイデン大統領はデサンティス氏が法律に署名した際、「LGBTQの青少年は、ありのままの自分を肯定され、受け入れられる資格がある。私の政権は、フロリダ州だけでなく全米のすべての生徒と家族のため、尊厳と機会のために闘い続ける」と訴えた。

こうした対立は、フロリダ州オーランドの「ウォルト・ディズニー・ワールド・リゾート」にも飛び火した。ディズニー・ワールドは山手線の内側約2個分の面積を誇る広大な敷地で、1960年代から電力や水、消防などのインフラ整備や自主管理を行う代わりに、州税などの優遇措置を受けてきた。一方、州内で約7万5000人の雇用を生み出し、州とは持ちつ持たれつの関係を築いてきた。

こうした背景から、ディズニーは当初、LGBTQを巡る州の法制化に向けた動きに静観を続けた。だが、LGBTQの権利擁護団体や従業員、クリエーターらからの批判を受け、一転して新法への反対を表明した。すると、2022年4月にはデサンティス氏側も強く反発、報復を表明し、州議会下院は税制優遇特区を廃止する法案を可決した。その後、ディズニーは州が税制優遇の廃止などで事業運営を不当に制限し、「ディズニーの事業運営を脅かしている」としてデサンティス氏を提訴するなど、「報復合戦」に発展した。

こうした動きに呼応するように、リベラル派の民間団体もフロリダ州の法律に反対の声を挙げた。同州でＬＧＢＴＱの権利擁護に取り組んできた支援団体「イコーリティ・フロリダ」もその１つだ。団体幹部で、２０１６年にＬＧＢＴＱを公表した初のラテン系議員としてフロリダ州下院議員に選出されたカルロス・ギレルモ・スミスさん（42）は「デサンティス氏は、ＳＮＳやインターネット上のコメントに反応し、極端な政策を作った。それは統治ではない。洗脳など流行しそうな言葉を使って人々を扇動しようとしている。彼がやろうとしているのは右翼イデオロギーへの洗脳だ」と批判した。

米軍で進むＬＧＢＴＱ配慮

ＬＧＢＴＱの権利拡大を求める波は、男性中心の組織だった米軍にも押し寄せている。かつて米軍は性の多様性には背を向けてきたが、近年は社会の変化に対応するように多様性を受け入れている。

宇宙軍中佐ブリー・フラムさん（44）は、トランスジェンダーであることを隠して約20年前に米空軍に入隊した。当時、同性愛者について「尋ねず、明かさず」（Don't ask,

宇宙軍中佐のブリー・フラムさん

Don’t tell）とのルールが導入されていた。１９９３年、民主党のビル・クリントン大統領時代に導入されたもので、同性愛であるかどうか組織内で問われない代わりに、当事者は沈黙を保つことを義務付けられていた。

フラムさんも、それを承知で入隊した。女性の心を持ちながら男性として従事した頃を、こう振り返る。

「国に奉仕するため、隠さなければならない自分の要素があることは分かっていた。仕事上の自分と、プライベートでの自分という二つの世界が混ざるのを防ぐのは信じられないほど大変なことだった」

それが変わり始めたのは、米軍における同性愛の「規制撤廃」を公約し、２００９年に発足した民主党のオバマ政権からだ。10年にDon’t ask, Don’t tellを撤廃する法案を米議会が可決し、オバマ大統領の署名で成立した。それでも、トランスジェンダーの入隊については規制撤廃から除外され、16年まで待たなければならなかった。

フラムさんは2016年6月30日、国防総省が即時廃止を発表したその日にカミングアウト（告白）した。その時のことを、今でも鮮明に覚えているという。

当時から国防総省に勤務していた。アシュトン・カーター国防長官が記者会見で解禁を発表するのをテレビで見守った。会見後、性自認が女性であることをフェイスブックで告白し、同僚にメールを送った。いったん、いたたまれなくなりオフィスから離れ、省内のジムで体を動かした。

意を決して戻ると、同僚たちが「あなたと一緒に働けて光栄だ」と握手を求めてきた。受け入れられたことが「驚異的だった」と振り返る。もっとも、カミングアウトしてから部隊内で白い目で見られることもあった。それでも時にスカートの制服に身を包みながら勤務し続けた。「あなたが毎日、出勤するだけでトランスジェンダーに対する固定観念が打ち破られた」。上司の大佐に言われた言葉が忘れられない。

フラムさんは現在、国防総省に勤務し、宇宙軍の装備調達に関する政策立案を担う。日々進化する技術の活用が求められる領域だ。フラムさんはこう訴える。

「我々の全ての頭脳をフル活用して戦いに勝たなければならない。その頭脳の1つが、たまたまトランスジェンダーの体に入っているというだけだ。多様な人々、多様なスキルを持つ人々が受け入れられる組織でなければ、宇宙やサイバーなど新領域での新たな脅威に対応できない」

「LGBTQの権利擁護」を掲げて当選したバイデン大統領は長年LGBTQを支援してきたハリス副大統領とともに、2021年1月の就任後、米軍でもLGBTQの軍人に関する権利拡大を進めた。24年6月には、1951~2013年に施行されていた旧軍法下で同性愛を理由に有罪となった退役軍人に恩赦を与えると発表した。対象者は数千人に上り、名誉が回復され、軍人恩給受給などの待遇が改善される。バイデン氏は声明で「完全かつ無条件の恩赦」になると説明し、「歴史的な過ちを正す。米軍全員が間違いなく安全と尊敬を感じられるようにする」と語った。

トランスジェンダーの軍人に対しては現在、性別変更の手術を受ける場合は国防総省が手術などの費用を負担する制度が導入され、手術や通院の間は従軍を免除される。共和党の保守強硬派には、こうしたトランスジェンダーへの特別な配慮が、米軍の戦力を損なっているとの考えも根強い。

米国の保守系政策研究機関「ヘリテージ財団」元国防センター所長で元米陸軍中将の

トーマス・スポール氏（65）は、「一般的に、多様性は奨励されるべきだ。しかし、多様性がより良い結果を得るという科学的根拠がないにもかかわらず推し進めると、その結果を達成するために金や資源を費やすことになる」と語る。

スポール氏は、過酷な軍の任務をこなすため、バックグラウンドより体力などの能力を優先して採用すべきだとの評論をこれまでも発表してきた。トランスジェンダーの軍人については、心の健康を崩す割合が多く、カウンセラーなどによる手当を受ける隊員の割合が、通常の隊員の10倍との調査結果を指摘する。性別適合手術を受けた人が部隊を離れる期間があることも、「即応力を低下させている」とバイデン政権の方針に異を唱える。「すでに不安や抑うつ、自殺未遂の素因を持つ人を、ストレスの多い職業である軍隊に受け入れることに懸念を持つべきだ。なぜ、トランスジェンダーだけに治療による例外扱いが許されるのか理解ができない」と持論を主張する。

トランスジェンダーの「女性」とスポーツ競技

トランスジェンダーの米軍入隊に拒否反応を示している中心が男性なら、トランスジェンダーのスポーツ競技大会への参加に反対している中心にいるのは女性である。

2024年3月、女性アスリートらは訴訟の形で意見を表明した。全米大学体育協会(NCAA)が、トランスジェンダーの女性が女子種目に出場することや女子更衣室を使うことを認めたのは女性への性差別やプライバシー侵害にあたるとして、ジョージア州の連邦地裁に訴訟を起こしたのだ。原告側が問題視したのは、NCAAの全米大学選手権でトランスジェンダーの選手として初めて優勝した競泳のリア・トーマス選手に対するNCAAの対応だった。

トーマス選手は2022年3月、競泳全米大学選手権の女子自由形500ヤード(約457メートル)に出場し、優勝を果たした。前年の東京五輪女子400メートル個人メドレーで銀メダルを獲得したエマ・ワイアント選手にも勝利した。トーマス選手の大会参加に反対する人たちが抗議活動を繰り広げる中での栄冠だった。トーマス選手は競技後、注目を浴びる中でのレースだったことについて、「できるだけ無視するようにしている。自分の水泳とレースの準備に集中し、他のことは一切考えないようにしている」と語った。

トーマス選手は2017年にペンシルベニア大学に入学した際は男子選手として大会に出場したが、18年になって家族にトランスジェンダーであることを明かし、19年からホルモン療法を開始した。ＮＣＡＡは女子種目への出場を希望したトーマス選手について、ホルモン療法を1年以上受けるなどの規定をクリアしたとして出場を許可した。

トーマス選手が物議を醸したのは、競技の公平性そのものだけではなかった。女子更衣室での振る舞いが問題視されたのだ。トーマス選手は性別適合のためのホルモン療法は受けていたが、性別適合手術は受けておらず、男性器はそのままだった。女子更衣室で他の女子選手がいる前で裸になり、男性器を隠そうとしなかったことから、女子選手の反発を招いた。ペンシルベニア大学でチームメートだったポーラ・スキャンランさんは２０２３年７月、米下院小委員会の聴聞会に出席し、「私とチームメートは身長１９３センチで男性器が完全なリアの前で週18回も服を脱ぐことを強いられました」と証言した。「トイレに入って着替える子もいた」という。大学側に不満を訴えたにもかかわらず、逆にカウンセリングを受けるよう促されたことも打ち明けた。

トーマス選手の一件は、ＬＧＢＴＱを嫌悪する一部の保守派を勢いづかせるだけでなく、リベラル派の一部にもトランスジェンダーのスポーツ競技大会参加を規制するべきだとの主張を広げる結果になっている。テニスの四大大会で女子シングルス通算18勝を挙げたマルチナ・ナブラチロワさんらがその旗振り役だ。

元女子プロバスケットボール選手で、レズビアンであることを公言している作家のマライア・バートン・ネルソンさん（68）も規制を主張する1人だ。「（スポーツ大会では生物学的に）男性であれば、性自認に関係なく男性のカテゴリーに属するべきだ。彼らはテストステロンとそれが体に及ぼす影響により、女性より大きくて強い。そして遠くまで投げたり蹴ったりすることができる。治療でテストステロンを抑制しても、たとえ手術を受けたとしても、同じ体格を保ち、多くの力を維持する」と主張する。トーマス選手の更衣室での振る舞いについては、「リアは、女性は体が男性の人の前で服を脱ぎたくないし、更衣室で男性器を見たくないということがなぜ分からないのか」と不快感をあらわにした。

もちろん、トランスジェンダーの参加を擁護する意見もある。性別適合手術を受けなくとも、ホルモン療法によって身体能力は落ちるのが一般的だ。トーマス選手もホルモン療法後の方がタイム自体は遅くなっている。

カリフォルニア大学サンフランシスコ校でジェンダー精神医学プログラムのディレクターを務めるジャック・ターバン博士（34）は、「トランスジェンダーがスポーツのタイトルを獲得することは決して許されないというのは、妥当ではない。『トランスジェンダーの女性にシスジェンダー（性自認と生まれ持った性別が一致している人）の女性は絶対に勝てない』という論調があるが、これは実際には違う。リア・トーマスのような人はあまり見かけない」と指摘する。

公平性の観点から規制を検討する競技団体が出てきている。２０２２年6月、国際水泳連盟はトランスジェンダー選手の女子部門への参加条件に「男性として思春期を経ていない」ことを挙げ、12歳までに女性に性別変更していることなどを求める指針を賛成多数で可決した。「12歳までに性を決めることを推奨するわけではない。科学的に、思春期以降の転向は不公平をもたらす」とも説明した。事実上、トランスジェンダー選手が五輪などで女子の水泳競技に出るのは困難になる決定だった。国際オリンピック委員会（ＩＯＣ）はトランスジェンダーの競技参加については、各競技団体が個別にルールを定めて判断するとの見解を示している。

一方、保守派が多数を占める州では、トランスジェンダーが性自認に沿って学校でのスポーツに参加することを拒む動きが広がっている。２０２０年にアイダホ州で参加を禁止する州法が成立すると、24年5月までに25州で同様の州法や規制が設けられた。ただ、リベラル派は州法の執行差し止めを求める訴訟を各地で起こしており、議論は続いている。

中絶手術求めて州外へ

「望まない妊娠をした女性たちが、各地から悲痛な思いでやって来る」

イリノイ州中部シャンペーンで中絶クリニックを運営するキース・レイジンガーキンドル医師（36）は、こう話す。

中絶サービスは通常、総合医療のように受診まで数週間待つことができないため、患者にとって「早さ」は何より重要だ。クリニックは他の病院が閉まっている土日を含めて営業し、女性たちのニーズに応えている。

クリニックを開業したのは2023年2月。中絶に制限のある近隣州からアクセスしやすいように、州のほぼ真ん中にあるシャンペーンを開業場所に選んだ。中絶医療の現場に立ち会う機会の少ない他州の研修医や看護師らを受け入れ、経験を積ませる教育施設としての役割も担う。

レイジンガーキンドル医師は「中絶手術を受けるための障壁を数多く見てきた」と打ち明ける。10代の時、中絶アクセスを支援する民間団体でボランティアをした経験から医学の道を目指した。中絶医療は助けを必要とする女性に手をさしのべ、奉仕することであり、「社会正義」を追求する方法の1つだとの自負がある。

オープンから1年近くたち、レイジンガーキンドル医師が目の当たりにするのは女性たちが直面する厳しい社会の現実だという。

患者は1日に30人を超え、1年間で4倍に増えた。9割は州外からで、片道14時間かけて車でフロリダ州から来る患者もいた。忘れられないのは12歳の少女だ。「居住する州で中絶規制が強化され、レイプが理由なのに中絶が許されなかった。恐ろしいことだ」

中絶の規制を強める州から寛容な州へ――。中絶支援団体の集計によると、2023年前半に「州外」で中絶を受けた女性は、3年前の同時期と比べて倍以上に増えた。中絶を受けた女性全体の5人に1人が州外で治療を受けたことになる。

州外での治療は、女性たちの負担が大きい。住んでいる州で医療保険に加入している人が、他州で治療を受けた際に保険が適用されなくなり、現地での宿泊費、治療費などを合わせれば出費は数千ドルにかさむケースもある。何より、精神的な負荷は「地元で中絶治療を受けるよりもはるかに大きい」（レイジンガーキンドル医師）。

それでも、州法で中絶を「基本的権利」と定めているイリノイ州などには、州外から多くの患者が流入している。米紙ワシントン・ポストによると、15～44歳の女性の約3分の1は現在、中絶が原則禁止かほぼ禁止された州に住んでいる。

テキサス州に住むブレア・ネルソンさん(37)は、州外で中絶治療を受けた1人だ。

ネルソンさんにとって妊娠は特別なものだった。夫のウィルさんと2017年秋に結婚し、翌年から体外受精の治療を始めた。ウィルさんには生まれつき染色体の異常があり、子供を授かることが難しいためだった。20年秋には長女を出産し、直後に2度目の妊娠をした。

2022年11月、キリスト教の感謝祭の直後だった。妊娠約13週の検診で胎児に異変が見つかり、心臓や膀胱《ぼうこう》などの臓器が体外で発育する先天性奇形と判明した。医師には出産しても命が続かないと宣告された。

生まれた後の「赤ん坊の必然的な結末」をじっと待つ選択肢もあったが、中絶を決意した。妊娠を続ければ自分が合併症を患うリスクがあったためだった。

「私も夫も子供がほしかった。決断しなければいけないことは本当に苦しかった」と振り返る。

ところが、同年８月に全ての中絶を非合法化したテキサス州に受け入れ施設はなかった。医師が中絶を勧めれば医師免許を剝奪され、刑事罰に処される可能性もある。信頼する担当医に中絶の相談はできなかった。

ＳＮＳの口コミを頼りに、中絶が認められている数百キロ離れたコロラド州の施設を見つけ出したが、極度のストレスと不安から当時の体験はトラウマとなり、記憶は所々途切れているという。「知らない土地で、自分のことを知らない医師から施術を受ける。ただただ悲痛だった」と話すネルソンさんは、「自分の体のことを自分で決められないなんて。好んで州外に出て中絶する人なんていない」と憤る。

不条理な現実は、ネルソンさんの中絶に対する考え方を１８０度変えた。保守的な家庭で育ち、中絶とは「無責任に性行為をした10代の若者がすること」という否定的イメージしかなかったが、「白か黒かではない様々なシナリオがある」ことに気づいたという。

米国では中絶反対の主張を「プロ・ライフ」、中絶賛成の立場を「プロ・チョイス」と呼ぶ。胎児の生命を尊重するのか、女性の選択を優先するのか。再び妊娠したネルソンさんは新たな命が宿る大きなおなかをさすりながら、こう言った。「私の人生はずっと『プロ・ライフ』だったけど、目覚めたんです。中絶とは女性の選択であるべきだ。

政治家が女性の体についてあれこれ決めるべきではない、と」

増える中絶禁止州

中絶問題の転機となったのは2022年6月、保守化が進む連邦最高裁が中絶を米国憲法で保障された権利と認めた判決を49年ぶりに覆したことだった。

1973年、当時のテキサス州の中絶を禁止する州法が女性の権利侵害かどうかが争われた裁判で、最高裁は妊娠後期前までの中絶を認める判断を下した。ロー対ウェイド判決と呼ばれるこの判決が判例となり、中絶の権利は米国で長年認められてきた。

ところが2022年の判決では、最高裁が自ら過去の判決を否定した。連邦レベルで中絶を擁護する根拠がなくなり、中絶規制は各州の判断に委ねられることになった。9人いる最高裁判事のうち、中絶に慎重な保守派は現在6人。トランプ前大統領が任命した判事3人が、歴史的判決の流れを決定づけた。

中絶反対派は勢いづき、共和党が議会で多数を握る州を中心に、全米で中絶規制強化の「ドミノ現象」が起きた。ニューヨーク・タイムズ紙によると、2022年以降に法律改正などで中絶を原則禁止にした州は24年6月までで14を数える。

米国では長年、中絶問題は銃規制などと並んで、社会を二分するテーマとなってきた。胎児は神が創造したと信じるキリスト教の思想から、敬虔な白人キリスト教徒、特に福音派の信者を中心に中絶反対派が多い。

保守的なキリスト教徒が多いワイオミング州も例外ではない。共和党が議会で多数を握る同州は２０２３年、全米で初めて中絶薬の配布や使用を禁じる法律を制定した。

「胎児とその母親は、危険な『中絶産業』から保護されるべきだ」。法律を支持したレイチェル・ロドリゲス＝ウィリアムズ州下院議員（共和党）は、中絶医療が営利目的で運営されていると批判する。

２０２２年、ワイオミング州では約６００件の中絶が行われた。「この数字は同じ年に生まれた赤ん坊の10％にあたる。我々の目標は中絶をゼロにすることだ」と、反中絶団体「ワイオミング命の権利」代表のマルティ・ハルバーソン氏は強調した。

同年春には、開業間近だった州内唯一の中絶クリニックが放火される事件が起きた。犯人は中絶に反対する若者だった。

クリニック近くには中絶反対派が運営する施設があり、予期せぬ妊娠をした女性に胎

教会敷地内に掲げられた中絶反対の看板。ワイオミング州キャスパーで

児を授かった宗教的意味合いを「教育」するために活動している。施設内には超音波検査の機器が置かれ、妊娠が確認されれば、個室に呼び入れてカウンセリングを行うという。

「神が困難な状況を乗り越えるためにどのように私たちを助けてくださるかについて話し、『最良の選択』をしてもらうように働きかけている」。聖書の一節が掲げられた部屋で、責任者の女性（46）はそう説明した。

ワイオミング州では下院議員62人のうち中絶の権利を擁護する民主党議員は5人に過ぎず、中絶ゼロを目指す反対派の波にあらがえずにいる。民主党のカーリー・プロベンザ州下院議員（34）は「ワイオミング州では中絶の権利を守ろうとすることはほぼ不可能だ」と認め、ケン・チェステク州下院議員（70）は「最高裁判決後、中絶反対派はより積極的に、より激しく前進している。妥協点を見つけるのは難しく、ますます二極化が進んでいる」と懸念する。

原理主義的な中絶禁止も台頭している。アリゾナ州では、1864年に制定された中絶禁止令が一時、「復活」した。レイプも近親相姦も例外なく中絶を禁じる南北戦争時代の法律を州最高裁が有効と判断したためだ。これには中絶反対派からも「行き過ぎだ」との声が上がり、廃止する法案が急遽《きゅうきょ》州議会で可決され、成立した。

近年保守化が進んでいるフロリダ州では2024年5月に妊娠6週目以降の中絶禁止の導入が始まった。妊娠6週までは妊娠に気づかない女性も多いとされ、「事実上の全面禁止」と受け止められている。

米国世論の中絶への賛否は割れているものの、中絶に関する憲法上の権利を認めなかった2022年の最高裁判決後は賛成派が増加傾向にある。民間調査機関ピュー・リサーチ・センターによる24年4月の世論調査によると、中絶が合法であるべきだと答えた人は63％で、「違法であるべきだ」の36％を大きく上回っている。合法であるべきだとの回答は最高裁判決前の21年と比べると4ポイント増加している。民主党支持者は85％

が合法的であるべきだと答えた一方、共和党支持者は41％にとどまった。

都市のリベラル派と地方の衝突

米オレゴン州東部のオンタリオは、人口1万2000人ほどの小都市だ。この街で近年、大麻（マリファナ）販売店が増え、10店舗以上を数えるようになった。

2023年10月、大麻販売店の1つ「ホットボックス・ファームズ」の駐車場には、市東部を流れるスネーク川対岸から来たアイダホ州ナンバーの車が並んでいた。リベラルなオレゴンでは15年に娯楽用大麻が解禁されたが、保守的なアイダホでは違法なためだ。

「客のほとんどはアイダホの人たちだ。彼らは大麻を購入するためにこっそり州境を越え、時には家に持ち帰っている」

同店共同経営者のスティーブン・メランドさん（33）はこう明かし、「私たちにとってはビジネスチャンスだ」と笑う。車で1時間の距離には、アイダホの州都ボイジーがある。この都市圏人口約80万人がオンタリオの大麻販売店にとってターゲットとなっている。

大麻販売店で商品を手に取る共同経営者のスティーブン・メランドさん。オレゴン州オンタリオで

オンタリオではこうした「州境ビジネス」が盛んだ。大麻販売店の増加にとどまらず、最近は中絶クリニックが新たに開設された。オレゴンでは人工妊娠中絶が全面的に認められているのに対し、アイダホでは例外を除いて禁止されており、アイダホ州民の利用を当て込んでのオープンだった。だが、保守派は反発し、抗議活動を繰り広げた。

民主党が強いオレゴンと共和党優位のアイダホは、近年は大麻や中絶に限らず法や制度の違いが拡大し、まるで別の国のようだ。オレゴンでは銃規制の法律が相次ぎ成立しているが、アイダホはほぼ規制がない。オレゴンではＬＧＢＴＱの権利が幅広く認められ、最大都市のポートランドはＬＧＢＴＱ人口が多いことでも知られているが、アイダホは権利抑制を狙った法律が相次いで成立している。

オレゴンで民主党が大票田とするのは、ハイテク企業の多いポートランドを中心とする西部だ。牧場や畑が広がる人口の少ない東部は、共和党支持者が圧倒的に多い。

その東部が今、オレゴンからの分離とアイダホへの合併を求める「グレーター・アイダホ運動」で全米の注目を集めている。

「一番大きな問題は、都会と田舎のライフスタイルの違いだ。私たちは、自分たちの生き方に口を出してほしくないんだ。都市と地方が衝突しているんだよ」

運動を率いる退役軍人のマイク・マッカーターさん（76）は、分離を希望する理由をそう語る。

マッカーターさんは銃器使用の指導役や教会の執事を務める生粋の保守派で、伝統的な価値観を守りながら生活してきた。居住する州中部のラパインは人口2500人ほどの小さな田舎町だが、マッカーターさんによると教会は20か所以上もある。保守派で共和党支持者の住民が圧倒的に多い。

マッカーターさんが分離・合併運動にのめりこんだのは、都市部のリベラル派が主導する州政府と州議会が、異なる価値観に基づく法や規制を次々と地方に押しつけてきていると感じたためだ。「リベラル派は都市部での犯罪を減らすために厳しい銃規制が必要と考え、法律を通しているが、私たち東部の田舎の人間は自分の身を自分で守らなければならないんだ。警察は常に近くにいるわけではないだろ」と語る。人工妊娠中絶は個人の自由だとも考えているが、オレゴン州が中絶クリニックに補助金を出す制度があるのは納得できない。

アイダホ州旗を背にしたマイク・マッカーターさん。オレゴン州ラパインの自宅で

運動仲間で州東部に住む会社経営カート・ハウエルさん（67）は、リベラル派への反発が運動の動機だと強調し、「高いレベルでの欲求不満だ」と端的に語る。オレゴンの州政府と州議会については、「マルクス主義的な共産主義的理想主義者だ」とこき下ろす。ハウエルさんは熱心なトランプ前大統領の支持者でもある。

マッカーターさんらは２０２０年から

分離・合併に関する郡単位の住民投票を各地で仕掛け、24年5月までに13郡で賛成多数を獲得した。13郡の人口は約24万人でオレゴンの約5・6％にすぎないが、面積は約58％を占める。

離脱と合併には両州議会と連邦議会の承認が必要だ。マッカーターさんらは今後、両州議会への働きかけを強め、連邦議会への承認に持ち込みたい考えだが、実現する可能性は極めて低い。離脱に否定的なリベラル派の地元住民には、「時間の無駄」と冷ややかな声が広がっている。

進む青い州から赤い州への転居

州の分離を求める動きはオレゴン以外でも散発的に起きている。民主党が強い州で保守派住民が運動を行うケースが多く、カリフォルニア州北部の分離運動、イリノイ州西部からミズーリ州、メリーランド州西部からウェストバージニア州への合併運動などがある。

だが、州の分離の承認を連邦議会と州議会で得るのは簡単ではない。ウェストバージニアがバージニア州から離脱し、南北戦争中の１８６３年に州に昇格して以降、実現したケースはない。

居住する州の政治や土地柄に我慢できない人に残された選択肢は、州外への転居だ。移住先の推計に定評がある設備レンタル大手「U－ホール」によると、最近は保守的な州に移り住む人が増えているという。U－ホールの推計では、2023年に移住先のトップとなった州はテキサスだった。保守化が進むフロリダが2位で、ノースカロライナ、サウスカロライナ、テネシー、アイダホが続いた。上位6州のうち、共和党と民主党が拮抗《きっこう》するノースカロライナを除く5州は共和党が強い「赤い州」で、民主党の強い「青い州」は7位のワシントン州がトップだった。対照的に、青い州の代表格であるカリフォルニアは最下位の50位だった。

テキサス州在住の不動産業ポール・シャボットさん（49）は、2016年にカリフォルニア州から引っ越してきた。「民主党がカリフォルニア州の政策を牛耳り、犯罪が増え、教育水準も全米で最低レベルになったからだ」と強調する。テキサスに移り住んでから自分と同じように政治的な動機で移住する人が多いことに気づき、リベラルな州に不満を持つ人の保守的な州への移住を仲介するビジネスを起業した。「米国内では、これまでになかったような欲求不満がたまっている」と感じている。「今のアメリカでは青い州と赤い州の価値観の間で大きな実験が行われている」とも指摘し、「間違いなく赤い州の価値観が勝っている」と断じた。

２０２１年にリベラルなワシントン州からアイダホ州の州都ボイジー郊外に移り住んだ50代の夫婦は、熱心なトランプ前大統領の支持者だ。民主党の州知事がコロナ下で厳格なロックダウンやマスク着用などを求めたことに嫌気がさし、転居を決断した。ホームレスや薬物犯罪の増加に加え、犯罪取り締まりに及び腰に映る警察当局への不満も決断を後押しした。アイダホ州民については、「ここの人は愛国心が強く、アメリカが大好きなんだ」と感じている。アイダホでの暮らしに満足しており、「もうワシントン州に戻ることはない」と話す。

もちろん、保守的な州に住みづらくなり、リベラルな州に転居する人もいる。アイダホ州に住んでいた教師カレン・ローリッツェンさん（44）は２０２３年6月、夫と息子を連れてイリノイ州に引っ越した。アイダホ時代は22年に優秀な小学校教師として表彰されたが、その後からネット上でリベラルな考え方を保護者から批判されるようになった。ＬＧＢＴＱのイベントに出席したことなど授業外の振る舞いをやり玉に挙げられ、保護者の意向で一部の生徒はローリッツェンさんの授業を受けないこともあったという。

保護者が学校教育に過度に介入してくるアイダホ州の教育環境に疑問を持つようになり、最終的に転居を決断した。23年3月にＬＧＢＴＱの権利が学校現場で制限される州法が制定されたことも、「アイダホで教師として働くことを難しくした」と振り返る。

ＥＶ vs. 化石燃料

保守とリベラルで対立が激しいテーマの１つが気候変動である。共和党支持者は気候変動がもたらす地球温暖化に懐疑的で、逆に民主党支持者は温暖化対策に熱心だ。２０１９年11月、トランプ政権は地球温暖化対策の国際的な枠組み「パリ協定」からの米国の離脱を国連へ通告し、１年後に正式に離脱した。一方、バイデン氏は大統領に就任した21年１月に復帰手続きを進め、翌月に米国はパリ協定に復帰した。

新たな論争の火種となっているのが、走行時に二酸化炭素を排出しない電気自動車（ＥＶ）だ。バイデン政権は２０２２年８月、「インフレ抑制法」を成立させ、気候変動対策に３６９０億ドル（約55兆３５００億円）を投じることを決めた。ＥＶなどエコカーの購入者に１台あたり最大７５００ドル（約１１２万５０００円）の税額控除を盛り込み、ＥＶや車載電池（バッテリー）の国内生産を押し上げ、脱炭素化と米製造業復活

図4　バッテリーベルトの主な州（■）

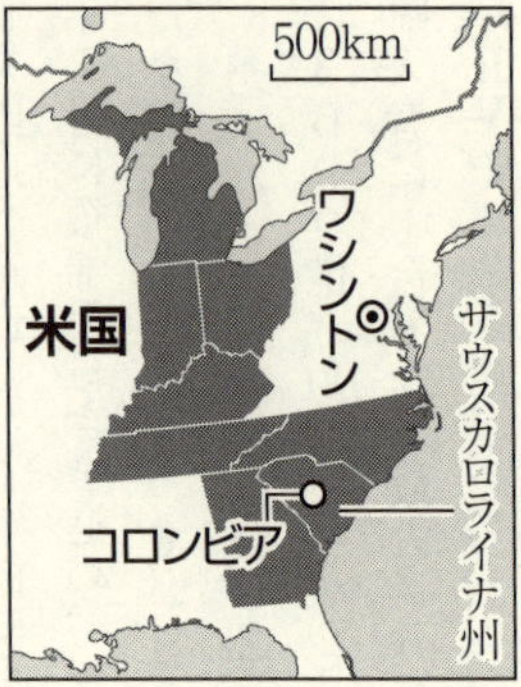

の両立を目指している。

米環境NGO「環境防衛基金」の集計によると、2021年には37件だったEV関連の投資件数が、インフレ抑制法が成立した22年には107件、23年には177件まで増えている。

EV関連施設の建設計画はノースカロライナ、ジョージアなど南東部を中心とした8州に集中し、その活況から一帯は「バッテリーベルト」と呼ばれている（図4）。共和党の地盤で保守的な南部サウスカロライナ州もそのうちの1つだ。商工業の中心地として発展してきた州都コロンビアでは今、EV製造拠点の建設が急ピッチで進んでいる。

「4000人以上の雇用を生み出し、地域経済に大きな影響を与えるだろう」

EV会社「スカウトモーターズ」CPO（最高製造責任者）のジャン・スピース氏（54）は2024年4月、工場の模型を指さしながら、言葉に力を込めた。

同社はコロンビア中心部から北に約30キロの郊外にある約6・5平方キロの敷地に工

場を建設している。2026年の完成後には、年間20万台の目標に向けて3交代制で休みなくEVを製造する計画だ。

2024年2月に開かれた起工式で注目を集めたのは、民主党の有力議員ではなく、トランプ前大統領にも近い共和党のヘンリー・マクマスター知事（76）の発言だった。記者団に対し、「EVはサウスカロライナの未来の一部だ」とアピールした。

バッテリーベルトには、共和党の強い「赤い州」や共和、民主両党が拮抗する「揺れる州（スイング・ステート）」が多い。人件費が他の地域より安いことや、工場の適地が多いことなどが要因として考えられているが、バイデン政権による共和党票の切り崩しとの見方もある。米エネルギー省のジェニファー・グランホルム長官は2024年1月、ABCテレビのインタビューで「赤い州の住民もEVを愛している」と挑発してみせた。

地球温暖化はでっち上げ

EVを推進するバイデン政権に対し、トランプ氏はEVへの懐疑的な姿勢を前面に打ち出し、石油や天然ガスなど化石燃料の大幅な増産方針を掲げる。合言葉は、化石燃料の掘削推進を意味する「ドリル、ベイビー、ドリル」だ。

米石油・ガス業界は、献金を通じてトランプ氏を強力に支援する。米紙USAトゥデーによると、2024年4月現在で献金額上位10企業に業界2社が名を連ねた。トランプ氏側からも働きかけを強めているとみられ、米紙ワシントン・ポストは、24年4月にフロリダ州の邸宅で開いた米石油業界幹部との会合で、バイデン政権の環境規制を即座に撤回する代わりに10億ドルを献金するよう要求したと報じた。

トランプ氏が大統領に返り咲けば、EV推進の原動力となったインフレ抑制法は見直され、EV関連事業の拡大に急ブレーキがかかるのは必至だ。

トランプ氏に近い保守系政策研究機関へリテージ財団のダイアナ・ファーチゴット・ロス氏は「法律は石油や天然ガスの自動車を走らせる代わりに、中国製の電池や太陽光パネルの使用を促進するものだ。国民の選択肢を奪う」と批判する。

トランプ氏支持者は当然のようにEVに否定的だ。ノースカロライナ州に住む元米海軍調査研究所勤務のブレント・ホートンさん（71）は、「長距離移動の際、EVは途中で何度も停車させて充電しなければならず、物流の供給網にも影響が及ぶ」と話す。サウスカロライナ州在住の無職男性（66）は「バッテリーに使う鉱物のリチウムは中国が主な生産国だ。EVを増やしても中国をもうけさせるだけだ」と断じ、コロンビア近郊で建設中のＥＶ製造工場についても、「ＥＶは価格が高くて手が届かない。誰も買わない。稼働してもうまくいかないだろう」と吐き捨てるように言った。

そもそも、保守派には地球温暖化そのものに疑問を呈する人が多い。トランプ氏支持者でノースカロライナ州の無職グレッグ・セメンザさん（76）は「地球温暖化はでっち上げだ。存在しない」と言い切った。タミー・エイキーさん（58）は「地球温暖化が大きな脅威だとは思わない」と述べ、対策の負担についてはアジアやアフリカを含めて「全員が公平に負担するべきだ」と主張した。

党派間の意識の違いは各種調査で明確に示されている。米ギャラップ社の調査では、リベラル派の72％がＥＶを「所有している」か「購入を検討している」と回答した一方、保守派は27％にとどまった。保守派の7割超が「購入することはない」と答えている。

米シンクタンク「シカゴ・カウンシル」の報告書によると、気候変動が脅威だと考える人の割合は民主党支持者で82％に対し、共和党支持者では16％にとどまる。

報告書を作成したラマ・エルバズ氏（政治分析）は、「共和党の地盤には化石燃料産業に依存をしている地域が多い。また、共和党支持者は気候変動対策として企業活動や自分たちの生活に様々な規制を課されることを嫌う。経済的な背景や価値観の違いがはっきりとあらわれている」と指摘する。「共和党支持者は『気候変動』と聞いただけで民主党の看板政策として否定的になる。気候変動という言葉自体が対立を招いており、分断は根深い」とも憂慮する。

USスチールは象徴か偶像か

「ラストベルト」のRustは「さび」、Beltは「帯」を意味する。「さびついた工業地帯」は、米東部から中西部のペンシルベニア州、オハイオ州、ミシガン州、ウィスコンシン州などの一帯を指す(図5)。かつて栄えた鉄鋼会社や自動車メーカーなどの多くはグローバル化に対応できずに勢いを失い、廃業した工場などが目立つ。取り残された白人労働者は生きづらさや鬱屈とした不満を抱え、2016年大統領選で「アメリカ・ファースト(米国第一)」を掲げるトランプ前大統領が当選する原動力ともなった。

「IRON CITY(鉄の街)」と書かれた看板が丘の上から街を見下ろすペンシルベニア州の第2の都市ピッツバーグは、ラストベルトの鉄鋼業を象徴する街である。1970年に建てられた64階建てで鋼鉄製の摩天楼「USスチールタワー」が、今も威容を誇る。

2024年4月、その中心部に位置する全米鉄鋼労働組合(USW)本部ビルを、米大統領として初めてバイデン大統領が訪問した。大統領選からの撤退表明の３か月前のことだった。バイデン氏は「史上最も親労組の大統領」を自負し、全米自動車労働組合（ＵＡＷ）が23年９月に一斉ストライキを行った際には、現職大統領として初めてストライキ現場を訪れていた。

だが、鉄鋼労組訪問には「親労組」を示すこと以外にも理由があった。日本製鉄によるＵＳスチール買収計画に反対するメッセージを届けるためだ。日鉄は２０２３年12月、約１４１億ドル（当時のレートで約２兆円）でＵＳスチールを買収すると発表した。ＵＳスチールの労組を組織内に抱え約85万人の労働者が加入する大規模労組のＵＳＷは、この買収に強く反対。大統領の到着を待ち構えるＵＳＷの幹部はマイクの前に立つと、バイデン氏によるＵ

図５ ラストベルト一帯

ＵＳスチールの工場。ペンシルベニア州ピッツバーグ郊外で

ＡＷのストライキ現場訪問を「歴史に名を残した」とたたえ、「彼は私たちと連帯し、鉄鋼や地域社会を売り渡さないために戦っている」と持ち上げた。

バイデン氏は「労働者と共に歩む」と書かれたプラカードを持つ作業服を着た労働者らをバックにしてマイクの前に立つと、「米国を作ったのは中産階級、それを作ったのはあなた方だ。だから私は鉄鋼労働者の側に立つ」と語りかけ、買収計画に反対する意向を示した。

「ＵＳスチールは1世紀以上、米国を象徴してきた企業だ。完全に米国の企業であり続けるべきだ」

演説を聞いたＵＳＷのデビッド・マッコ

ール会長は、取材に対し「重要な演説だった。買収を支持しないという大統領の意向に感謝する」と興奮気味に語った。

USスチール労働者のロバート・ハッチンソンさん（53）もバイデン氏の演説をこう歓迎した。

「大統領の支持は重要な意味がある。雇用の安定、退職金、年金。日鉄はずっと先のことには言及していない。我々労働者は、誰もがそのことを心配している。それに、USスチールは象徴的な企業だ。もしトヨタがフォードに買収されるとなったら、日本国民は心配するだろう？」

ただ、USW本部ビル内での熱気は、ピッツバーグの街全体の雰囲気とはかけ離れていた。バイデン氏もハッチンソンさんも、くしくも同社を「アイコニック（iconic）」と表現した。「象徴的」のほかに「偶像的」という意味も持つ。今やピッツバーグの人々にとって、同社は「象徴」というより「偶像」に近づきつつある。

日鉄買収に反対する新旧大統領

米国の鉄鋼生産は19世紀後半に世界最大となり、第2次大戦中は航空機や艦船などの素材として米国の圧倒的な軍事力を支えた。ペンシルベニア州やオハイオ州などは高炉に使う石炭が豊富で、鉄鋼業に適していた。なかでもオハイオ川など大きな川が街を流れ水運に適していたピッツバーグは「世界の鉄鋼の首都（the steel capital of the world）」とまで呼ばれた。その要だったのがピッツバーグに本社を置き世界最大の鉄鋼企業だったＵＳスチールだ。

だが、戦後は、産業構造転換に対応できず、ラストベルトの象徴的な都市として衰退の道をたどっていく。第2次大戦後の１９５０年に米国は世界の鉄鋼需要の47％をまかなっていたが、次第に安価で良質な日本やドイツの製品との競争にさらされ、力を失っていった。

米国の世界占有率は１９７０年には20％となり、23％を占める欧州に抜かれた。80年には14％となり、16％を占めた日本にリードを許した。その後は、急速に生産量を伸ばす中国の鉄鋼企業が世界市場を席巻していった。

ＵＳスチールは設立された１９０１年に67％の圧倒的な市場占有率を誇ったものの、高賃金の労働者を抱え、高コスト構造だったことが弱みとなった。最盛期に約34万人あったＵＳスチールの雇用は、現在、約1万５０００人にまで減った。１９００年代初頭には８万人の鉄鋼労働者を抱えたピッツバーグ周辺でも、同社の地元従業員は今、３０００人あまり。２００３年にピッツバーグ市は財政破綻も経験した。

以来、ピッツバーグは「脱鉄鋼依存」を進め産業構造の転換を図っていく。医療関連、ＩＴ、産業用ロボット、人工知能（ＡＩ）などのハイテク産業の育成に成功し、先端都市として再生を果たした。今や先端産業が集積する全米屈指の「テックハブ」とも呼ばれる。「ＵＳスチールタワー」の所有権はもはやＵＳスチールにはなく、今では医療企業の看板が掲げられている。

米国全体でも鉄鋼業界を巡る状況は上向く糸口さえ見えない状況が続く。２０２２年現在の世界での粗鋼生産量は中国企業が上位を占め、日本製鉄は４位。ＵＳスチールは米国内でも３番手で、27位にとどまっている。

こうした中、ＵＳスチールに外資が投入され、ピッツバーグの鉄鋼業が再び活性化することに期待する地元関係者も少なくない。

共和党の地元郡委員長、サム・デマーコさん（65）は、日鉄を「世界的に優位な技術や効率性を持つグローバル企業」と評価する。その上で、買収計画への賛意を示し、「ＵＳスチールには確立されたブランドと顧客基盤があり、日鉄と補完関係にある。日鉄の世界的な技術力と資本を生かし、設備の改善や近代化を進めれば中国企業に対する競争力も高まる」と語る。

ただ、そうした声は、新旧大統領の政治的な動きにかき消されている。

トランプ前大統領は2016年、ラストベルトで不満を持つ白人労働者層の支持を集め、ペンシルベニア州を制した。ラストベルトの中心都市であるピッツバーグは特別な意味を持つ。

トランプ氏は、2017年6月に「パリ協定」から離脱すると正式表明した際、化石燃料の活用を掲げて「私はピッツバーグの市民を代表するために（大統領に）選ばれた。パリ市民の代表ではない」と演説で訴え、喝采を浴びた。在任中には中国に対抗するため鉄鋼製品の輸入関税を大幅に引き上げ、米国内の鉄鋼業など製造業を徹底して保護した。日鉄による買収への反対も、トランプ氏にとっては自然な流れだった。

2024年1月、首都ワシントン。トランプ氏は、トラック運転手らで組織する全米最大規模の労働組合「チームスターズ」の執行部と会談した。民主党の牙城である労働組合票の切り崩しの一環だ。会談後の記者会見で、日本製鉄によるUSスチールの買収について質問が飛ぶと、「私は即座に阻止する。絶対にだ」と計画への反対を表明した。

バイデン氏が日鉄の買収計画に否定的な声明を出したのは、トランプ氏の反対表明から1か月半ほど遅れた3月のことだった。「国内で所有・運営される米国の鉄鋼会社であり続けることが不可欠だ」とし、事実上反対する意向をにじませた。

バイデン氏がトランプ氏に対して後手に回ったことには、鉄鋼労働者の間に不満も残る。USスチールの労働者ナイロン・バイヌンさん（51）は、真珠湾攻撃を引き合いに出し「日本に売るのは反対だ」と断言した。その上で、バイデン氏には「買収は阻止できないだろう」と冷ややかな目を向け、「鉄鋼は米国の糧であり骨だ。それなのに、なぜトランプ氏が言うまで大統領は黙っていたのだ」と語った。

「頼れるのは自国企業」

ピッツバーグから北に車で約1時間の山あいの町、バトラー。かつて地元企業が米国車「ジープ」の初期の開発、製造を担い「ジープ発祥の街」とも呼ばれる工業の町だ。1982年に閉鎖された車両メーカー「プルマンスタンダード」の社屋だった巨大な廃屋が、今も中心部で存在感を放つ。一方、町には鉄鋼工場「バトラーワークス」が残り、工場に近い飲食店や中心街には若者の姿が見え、活気も残している。

線路沿いに立つバトラーワークスの工場。周りには住宅街が広がる。ペンシルベニア州バトラーで

約1300人の従業員を抱えるバトラーワークスの工場は、「最後の中核産業」として人口約1万3000人の町の生き残りを支えてきた。その工場労組代表のジェイミー・シチャクさん(53)は祖父から続く3代目の工場労働者で、勤続30年を迎える。その間、オハイオ川沿いに林立していた工場が次々に閉鎖され、工業地帯が廃れていく様を目の当たりにしてきた。

「荒れ果てて廃虚だらけの町が、そこら中にある。中産階級を支える仕事がなくなったからだ。この工場は経済のためだけに存在しているのではない。人と地域をつなぐものなんだ」

町は共和党の強固な地盤で、トランプ氏は重視してきた。2024年7月13日にトランプ氏が選挙集会を開き、20歳の男に銃撃されたのはこの町だ。大統領候補に対する前代未聞の暗殺未遂事件の現場となり、町の名は全米に知られることになった。トランプ氏は2020年11月の大統領選でも、投票日の3日前にこの地で集会を開いた。地元紙は「現職大統領初のバトラー訪問」と報じた。熱気に包まれた会場の飛行場で、トランプ氏はバイデン氏の経済政策を痛烈に批判した。

「ジョー・バイデンは、あなたの経済をストップさせ、あなたの雇用を中国に移し、税金を4兆ドル引き上げ、あなたの州を破滅的な恐慌に陥れるだろう。バイデンの政策はペンシルベニアにとって経済的な死刑宣告だ」

その上で、化石燃料依存からの脱却を訴えるバイデン氏の気候変動対策に触れて、バトラー経済をこう「予言」した。

「バイデンが当選すれば、ペンシルベニア州のエネルギー産業と雇用はすべて失われる。すべての工場を閉鎖したがっている」

トランプ氏の言葉通り、バイデン政権下でバトラーワークスの工場には危機が訪れた。エネルギー省が2023年、変圧器のエネルギー効率化に関する新たな規制案を公表し、国内で唯一、バトラーワークスが生産する鋼鉄製品が市場から排除される見通しとなったのだ。工場閉鎖を案じたシチャクさんは、政府や議員、電力会社などの産業界などに規制案の撤回に向けた協力を呼びかけた。

この鉄鋼製品の代替品は米国内で生産されておらず、排除されれば輸入品に頼ることになる。米議会でも、米国のサプライチェーンと国家安全保障にリスクをもたらすとして、超党派で呼応する動きが広がった。地元選出のマイク・ケリー下院議員（共和党）は阻止に向け、民主党議員と法案を提出。上院でも超党派の議員が同様の法案を提出した。民主党のジョシュ・シャピロ・ペンシルベニア州知事も、拙速な規制改正をやめるよう求める書簡をエネルギー省に送った。

八方ふさがりの状況に追い込まれたバイデン政権はその直後、この鉄鋼製品に関する規制を撤回した。シチャクさんは「労働者がステークホルダー（利害関係者）の1つとしてみなされ、耳を傾けられたことがかつてあっただろうか。バイデン政権は、票のためとはいえいい決断をした」と振り返る。

危機回避に向けては、バトラーワークスを所有する会社側の政府への働きかけも大きかった。USスチールの買収競争にも加わる米鉄鋼大手クリーブランド・クリフスだ。クリフスが行った2023年8月の買収提案は拒否されたが、USWとの強い連携関係を生かし、日鉄との競争での逆転ももくろむ。

ＵＳスチールの労働者からもクリフスによる買収を期待する声が相次いで聞かれた。その1人、ドン・ファーコさん（50）は「売却するなら米国の会社であり、労働者とのより良い関係を築こうという意思がある会社に限る。クリフスならその条件に当てはまる」と述べた。

クリフスは、バトラーワークスの労組とも良好な関係を構築している。ＵＳスチールが臨時株主総会を開き、日鉄による買収案を承認した２０２４年4月、クリフスのロレンソ・ゴンカルベス最高経営責任者（ＣＥＯ）はこの工場の労働者を集め、ＵＳスチール買収に対する持論を語った。

「彼らは間違った人々に盾突《たてつ》いている。労組に盾突いているのだ」とＵＳスチールの経営陣を批判すると、組合員らに語りかけるようにこう続けた。

「組合は会社を動かしている人々であり、会社を今の世代、次の世代、さらにその次の世代まで存続させる唯一の存在なのだ。それが我々の関係の強さだ。そうやって世界の羨望の的である米国は作られた。我々はその米国を取り戻す必要がある」

その場にいたシチャクさんは、ゴンカルベスＣＥＯについて「彼は誠実な男だ。実直で透明性がある」と信頼を口にした。その上で、ＵＳスチールの買収論について尋ねると、反対論の高まりを新型コロナウイルスのワクチン獲得競争に例えて解説した。米国の製薬企業がワクチン開発・生産を主導したため、米国は豊富な供給により国民へのスピード接種につなげた。

「誰にとっても重要な製品を、最初に手に入れるのは誰だったか。海の向こうで作られているか、それともこの国で作られているか。それが重要だ。自国企業に自国の安全保障のための鉄鋼を作ってもらいたい。そういうナショナリズムは日本にもどの国にもあるだろう。いざという時、頼れるのは自国の企業なんだよ」

第3章

不法移民を巡る攻防

国境の街と聖域都市の間で

米メキシコ国境の街に押し寄せる人々

米国は移民の国であり、世界に冠たる多民族国家である。移民は米国社会に多様性をもたらし、新たな活力が米国のエネルギーとなってきた。

米国建国の主体となったのは、イギリス国教会から迫害され、米東海岸に入植したイギリス出身のキリスト教プロテスタントたちとその子孫だ。米国の支配層はWhite（白人）、Angro-Saxon（アングロサクソン）、Protestant（プロテスタント）の頭文字をとった「WASP《ワスプ》」が形成した。WASPでない人は、その価値観を尊重してアメリカ社会に溶け込むことが長らく求められてきた。

一方で、価値観の異なる新たな移民の流入は、当然のように摩擦や衝突を生むことにつながった。19世紀にはカトリックのアイルランド移民が排斥の対象となり、20世紀初頭にかけては中国移民に矛先が向けられた。日本からの移民も例外ではなかった。長年にわたって特定の国からの移民受け入れが制限され、国別の割り当てがようやく撤廃されたのは１９６５年のことだ。これを機に、中南米やアジアからの移民が大半を占めるようになる。

そして近年、米メキシコ国境を越えて押し寄せる不法移民の波が、米国の形をさらに変えようとしている。今、米メキシコ国境地帯でいったい何が起こっているのか。

２０２３年９月、メキシコ北部にある国境沿いの街、シウダー・フアレスには米国を目指し、南米ベネズエラや中米ホンジュラスなどから続々と人が押し寄せていた。家族連れや若い男性の姿が目立つが、中には乳飲み子を抱えた母親もいる。

日が傾いても40度を超える酷暑の中、こうした人たちはナイロン製の大きなバッグやリュックを背負い、一様に険しい表情を浮かべながら黙々と歩いていた。

川を渡り米国国境に向かうベネズエラの人々。メキシコ北部シウダー・フアレスで

国境沿いの鉄条網手前には、ゴミ袋や空き缶などが浮き、異臭が漂う灰色のリオグランデ川が流れているが、彼らは躊躇《ちゅうちょ》することなくヘドロにつかりながら川を次々と渡っていく。ぬ

鉄条網をくぐり抜けて米国に入ろうとする父子。メキシコ北部シウダー・フアレスで

かるんだ川底に足をとられて、転倒する人の姿もあった。鉄条網の向こうには、迷彩服を着た米国境警備隊員が違法な入国を防ぐために、目を光らせていた。

「動くな！」。米国境警備隊の隊員の大きな声が響いた。子供を抱えて渡河した男性が、鉄条網の下をくぐって米国側に入ろうとしていた。

男性は制止を振り切り、鉄条網の隙間から子供を米国側に押し込み、自身も体ごと飛び込んだ。鉄条網にはカミソリの刃が仕込まれている。男性は腕や腹部など複数箇所から出血していたが気にする様子はない。近くでは、鉄条網の柵の下に穴を掘って、くぐり抜けようとする若者の姿や、小さな娘を抱えながら越境する母親の姿もあった。皆が必死なのは、米国の土地に一歩でも踏み入れて亡命を主張すれば原則、その場でメキシコ側に追い返されることはないからだ。

男性らはその場で取り押さえられ、他に拘束された数百人の移民らと一緒に、テキサス州エルパソの収容施設に車で移送された。

シウダー・フアレスは、小型犬チワワの原産地であるメキシコ・チワワ州内にある。愛くるしいチワワのイメージとは対照的に、世界有数の犯罪都市として悪名高い。メキシコの三大麻薬組織の1つ、「フアレスカルテル」の本拠地としても知られ、夜間は殺人や強盗、誘拐などが横行している。鉄条網付近では移民らがテントを張るなどして、夜通し越境のタイミングを見計らっていた。

ジャングルを歩き、列車の屋根にしがみついて

米国への道のりは険しい。母国ベネズエラから来たという男性のジャクソン・ロメロさん（35）は、パナマ、コスタリカ、ニカラグア、ホンジュラスなど7か国を陸路で渡り歩き、米国境までたどり着いたという。「ここまで来られた俺は幸運だった」と険し

い表情で語った。

ロメロさんは「越境するごとに数百ドルの賄賂を渡し、険しいジャングルを何日も歩いた。特にコロンビアからパナマに入ってからのジャングルはとても険しかった」と振り返った。パナマとの国境地域に広がる犯罪多発地帯の「ダリエン地峡」だ。AP通信などによると、月に数万人が米国を目指してダリエン地峡を通過しているという。

ロメロさんは、「足場の悪い山道を何時間も歩いた。大雨が降れば、小さな川が洪水となって、流される人もいた。マラリアなどにかかる危険もあった。山中で息絶えた母親を見た。母親の腕にはやせ細った状態で死亡した乳飲み子がいた。本当にかわいそうだが、皆が生きるのに必死だ。若い女性は途中、ギャングに拉致されてレイプされる危険もあった。レイプされて望まない妊娠をしたり、行方不明のままとなった少女もいる」と語った。

メキシコに入ってからは、長距離列車の屋根にしがみついて移動したという。「列車の屋根に乗って移動してくるのは俺だけじゃない。途中、風に飛ばされて屋根から落ちた人もいた。本当に命がけの旅だった」と振り返った。ロメロさんの衣服やリュックは一部が破れ、旅の過酷さを物語っていた。

ロメロさんは、ベネズエラに妻と娘を残してきたという。「この旅はとても危険だし、妻子をつれてくることはできない。だが、そういう危険を知ってでも米国に向かう人は多い。母国はもっと危険だからだ。ギャングや政治汚職がはびこり、殺人や強盗、強姦は日常的に起きている。仕事もないし、良い教育環境もない。将来をまったく描けないんだ。俺自身も仕事がなく、妻子を養っていけない状態になっていた。だから渡米を決断したんだ。とにかく米国に無事に渡って、そこで稼いで妻子を呼び寄せたい」。ロメロさんはこう話すと、鉄条網に向かっていった。

どこにも着かない「入国管理局のバス」

メキシコ国境のカリフォルニア州南部の町、ハクンバ・ホット・スプリングスにも不法移民が押し寄せている。荒野にそびえる高さ約9メートルの壁は、岩山にぶつかる地点で途切れる。ゴツゴツした岩山に人工的な障害物はなく、中南米から米国を目指す移民集団が越境するルートとなっている。

この町には、ボランティアが設営し、国境を越えたばかりの移民集団が一時的に過ごすキャンプがある。２０２４年4月、国境越えを果たしたばかりのファン・リオスさん

国境警備隊の検査を受ける不法移民たち。カリフォルニア州ハクンバ・ホット・スプリングスで

（30）は疲れた様子で座り込み、6歳の娘が無邪気に遊ぶのを見守っていた。

リオスさんは貧困から抜け出そうと、妻と娘とともに母国ペルーを後にした。飛行機とバスを乗り継いで、メキシコ北部ティファナに到着した。その後、2日間にわたって標高1300メートルを超える岩山を歩いた。高額な報酬で国境越えを案内する「コヨーテ」と呼ばれる業者を雇ったが、「途中で見捨てられた」という。毒蛇が出没する地域では娘を抱きかかえて歩いた。国境をようやく越えると、遭遇した国境警備隊員にこのキャンプまで案内された。当局の収容施設に空きが出るまで待機するためだった。リオスさんは「米国が亡命の機会を与えてくれる」と信じて疑わない。やっとの思いで米国にたどり着いたリオスさんの目は、希望に満ちていた。

翌朝、キャンプはもぬけの殻となっていた。未明に国境警備隊がテントで寝ている人たちを起こし、荷物検査を行った上で連行したという。その後、山を下りてきた別の集団が到着すると、キャンプは再びにぎわい始めた。町では新型コロナウイルスの感染拡大が落ち着いた2023年から、こうした光景が繰り返されてきた。

地元住民のサム・シュルツさん(68)によると、600人程度の移民が同時にキャンプで待機していた時期もあった。毎朝、ピーナツバターとジャムのサンドイッチを作って移民に配ってきたシュルツさんは「キャンプに4泊する子供たちもいて、おなかをすかせていた。国境警備隊員の数が明らかに足りていない」と指摘する。

国境までたどり着き、国境を越えていった人にその後、幸運な人生が待っているのかどうかは定かではない。だが、旅路の途中で足止めを食らわされている人と比べれば、幸運であったとは言えるだろう。

2024年2月、メキシコ南部チアパス州シウダー・イダルゴの国境付近は、気温が40度近くまで上がった。ゆったりと流れる幅約120メートルのスチアテ川の向こうはグアテマラだ。木々が生い茂る川岸に、不法移民の侵入を防ぐためのフェンスやワイヤはない。子供を含む10人ほどの集団がいかだに乗って河岸に着くと、バックパックを背負いながらいかだを降り、船頭に料金を手渡した。いかだは何度も両岸を往復し、ピストン輸送で移民を運んでいる。グアテマラのNGO「アセデ」によると、12～4月は川の水位が下がるため、他の季節より多い1日約1000人が川を渡る。メキシコ側の堤防に立つ国家警備隊員に移民を取り締まる様子はみられない。河原では中南米諸国から到着したばかりの移民集団が、所狭しとテントを張って寝泊まりしていた。

移民らは近くの教会で配られた食材を使って料理するため、河原の石でコンロを作り、火をおこしていた。ベネズエラ出身のファン・パイスさん(39)もまた、ダリエン地峡をくぐり抜けてきた1人だ。1週間前、弟や親戚と5人で川を渡ってこの地にたどり着いた。「僕たちを安全に輸送してくれる『入国管理局のバス』を待っている」という。

だが、この「入国管理局のバス」がくせ者だった。

シウダー・イダルゴから北に約30キロの都市タパチュラ。その市街地を通り抜けた高速道路上には、メキシコ政府が一定間隔で検問所を設置している。検問を通過して米国に到達するには、メキシコ難民委員会で難民認定を受けるか、州境を越えるための通行許可証を取得しなければならない。タパチュラにある難民委員会の事務所の外では、数百人の移民が列を作って申請を待っていた。

検問所で１歳の赤ちゃんを抱いていたベネズエラのホセ・バスケスさん（44）は、母国の独裁政権に絶望し、亡命を決めた。ダリエン地峡を通って20日間歩き続け、前日、タパチュラに着いたばかりだった。「『入国管理局のバス』で次の町に連れて行ってくれるそうだ。まずは通行許可証の取得に必要な書類をそろえるよう言われた」という。

市内では「入国管理局のバス」が行き交う。実態は乗車料金が発生する民間のマイクロバスだ。入国管理局が運営費を補助しているという情報もあるが、決して「次の町」に行くことが保証されているわけではない。

ベネズエラのヨセ・ピルトさん（30）ら９人のグループは、メキシコ市まで延びるタパチュラ近郊の高速道路を歩いていた。これまで入国管理局の指示に従い、幾度となく「入国管理局のバス」で北上を目指したが、その度にバスは道を引き返し、タパチュラの路上で降ろされた。「彼らは60ペソ（約１６０円）の乗車料金を取るだけで、僕らを北に行かせてくれない。入国管理局にだまされた」と嘆く。バスの車内で警官に尋問され、金品を奪われたこともあった。この日もピルトさんたちは通りがかったバスの運転手から乗るよう促されたが、「結構です」と断った。仲間のジョアナ・ルビオさん（25）は

7歳の長女と5歳の長男を連れてきたが、子供たちのために食料を買うお金がない。「ここはダリエン地峡よりひどい。それでもバスは使えないから、高速道路を歩き続けるしかない」と話した。

2023年にメキシコで難民申請を行った人は14万1053人で、新型コロナの感染拡大前の19年から倍増した。9割以上が中南米出身者だった。タパチュラで移民手続きを支援する「移民と難民のためのイエズス会サービス」のアメリカ・ペレスさん（33）によると、23年末、タパチュラの難民委員会ではメキシコ国内の州境越えに必要な通行許可証の発行が停止されたという。「メキシコは移民に友好的な国と言われてきたが、移民政策のルールは不明確だ。政府は移民を路上に放置するだけで何の支援も行わず、残酷に扱っている」と語る。

ひと月に30万人の不法越境者

メキシコのロペスオブラドール政権は、米国との関係を意識した移民政策をとってきた。2023年12月以降、急増する移民への対応に頭を悩ませるバイデン政権との協議に応じ、移民の流れを止めるため、メキシコ南部の国境警備を強化することで合意した。

これを受け、難民申請や通行許可のハードルを上げたとの見方がもっぱらだ。チアパス州を出るには、いくつもの検問所をすり抜けながら、歩き続けなければいけない。難題を与えて放置することで、移民の意欲や体力、資金力をそぐ作戦だとされる。

メキシコ政府の狙い通り、タパチュラで長期にわたり足止めを食らう移民は少なくない。妻と７歳の長男、６歳の長女、５歳の次女を伴ってエルサルバドルからやってきたエルネスト・エルナンデスさん（41）は、この２か月、市内の公園に張ったテントで寝泊まりしてきた。道中で長女の出生証明書を紛失し、通行許可証の申請ができず、途方に暮れている。

エルナンデスさんはエルサルバドルで清掃員として働き、給料は月２４０ドル（約３万６０００円）だった。一家は地元の町がギャングの集団に襲われた日の翌朝、何も持たずに町から逃げ出した。テントは通りがかりの人に譲ってもらったが、食料も着替えもない。体も洗えない不衛生な環境の中、子供たちは頻繁に熱を出す。それでも希望は捨てていない。エルナンデスさんは「殺されるかもしれないエルサルバドルに帰るより、苦労してでも米国に行って生き延びたい」と語った。

２０２１年のバイデン米大統領就任後、メキシコ経由で米国を目指す不法移民が急増した。税関・国境取締局（CBP）によると、20会計年度（19年10月～20年9月）に米南西部国境で確認された不法越境者数は約46万人だったが、23会計年度には約248万人に膨れあがり、過去最多を記録した。月別では、バイデン政権発足時の21年1月には約7万8000人だったが、23年12月には過去最多の30万人超に上った。中南米諸国の政情不安や治安悪化、貧困が背景にある。各国の貧困は深刻で、22年の1人当たりの名目GDPは米国が7万6101ドルだったのに対し、不法移民の多いグアテマラは5324ドル、エルサルバドルは5127ドル、ベネズエラは4569ドル、ホンジュラスは3040ドルにすぎなかった。ちなみに、日本は3万4144ドルである。

新型コロナウイルス対策として不法移民の亡命申請も受理せずに国外退去させてきたトランプ政権時代の措置が2023年5月に失効すると、その後しばらくは越境者がさらに増加した。バイデン政権は移民に寛容だとの風評も、中南米諸国から米国を目指す人たちの背中を押したようだ。

移民を都市へ移送　テキサス州

メキシコ国境を流れるリオグランデ川流域の都市、テキサス州エルパソの移民問題は深刻だ。人口約68万人の市に、2023年9月までの1年間で約20万人の不法移民が流入した。ホテルなど市内11か所をシェルターとして転用したが、常に満員で、公園や路上は人であふれている。

エルパソ市のマリオ・ダゴスティーノ副市長は、「不法移民が急増したのは2022年末からだ。多い日は1日に約2000人以上がエルパソに流入する。我々の市はそこまで大きくはない。市民の多くが急増する移民に困惑している。治安悪化を心配する声も増えている」と語った。

テキサス州のグレッグ・アボット州知事（共和党）は「バイデン政権の移民開放政策によってテキサスの市民が危険にさらされている」と批判を強めている。2021年には、「開放政策がもたらす危機に対応するため」として、国境に州兵を派遣して取り締まりを強化する「ローンスター作戦」を開始した。その後も川岸にカミソリの刃が仕込まれた鉄条網を設置するなど力ずくで入国を阻止しようとしている。

2022年4月からは「移民問題の深刻さを思い知らせる必要がある」などとして、民主党地盤の都市部にバスで不法移民を送り込んでいる（図6）。バス代は無料だ。不法移民にとっては、移民に寛容な都市に無料で運んでくれるのだから、大歓迎である。

図６　テキサス州から「聖域都市」へ送り込まれる移民希望者

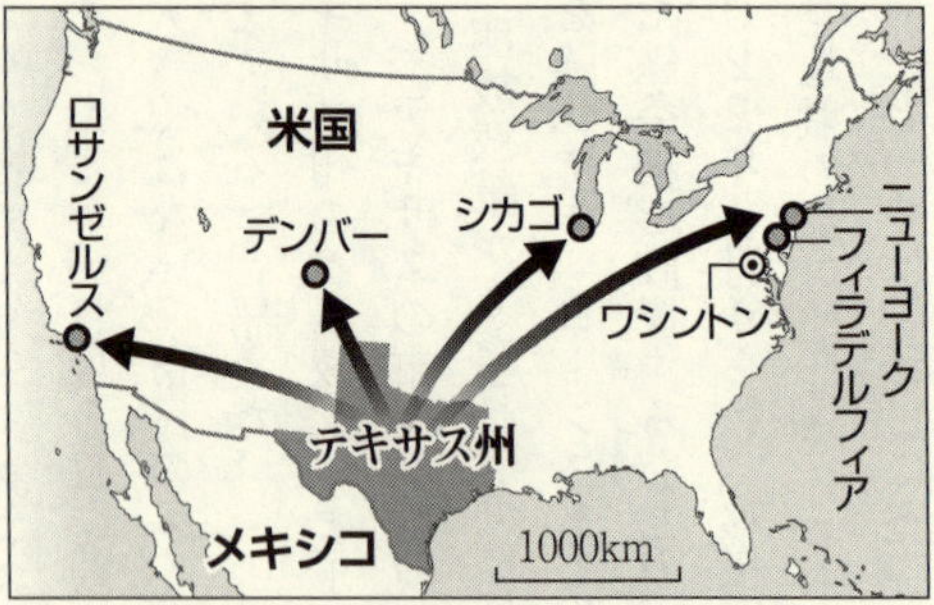

２０２３年９月、エルパソのバスターミナルは数百人の不法移民であふれていた。「ニューヨーク行き」「シカゴ行き」などの紙が貼られた大型バスが到着すると、それぞれ目的地のバスに乗り込んでいった。

人気が高いのは、仕事の多い最大都市ニューヨークだ。ニューヨーク行きのバスに夫と子供２人と乗り込んだベネズエラの女性（37）は「ニューヨークでは、たった１日で１５０ドル（約２万２５００円）稼げると聞いた。夫が母国でもらっていた給料の２か月分にもなる。夢のような街だ」と興奮した様子だった。

アボット氏は不法移民を各都市に移送するだけでなく、バイデン政権で移民問題を担当するカマラ・ハリス副大統領のワシントンにある公邸前にもバスで送りつけた。ハリス氏が有効な対策を取っていないことに対する当てつけだった。２０２２年９月にはフロリダ州のロン・デサンティス州知事（共和党）が、移民をリベラル色の強い東部マサチューセッツ州に飛

大都市に向かうバスに乗り込む移民たち。テキサス州エルパソで

行機で輸送するなど事態は過熱した。

トランプ氏は2016年の大統領選で、不法移民に厳しい姿勢を打ち出し、「国境に壁を作る」と連呼して選挙戦を勝ち抜いた。不法移民対策はいわば一丁目一番地である。

もっとも、「国境の壁」は決してトランプ氏の専売特許ではない。3100キロ以上に及ぶ米メキシコ国境の管理は、党派に関係なく歴代政権が頭を悩ませてきた。

米誌タイムによると、メキシコからの移民を抑制するためのフェンスは、民主党のフランクリン・ルーズベルト大統領やハリー・トルーマン大統領が政権を握っていた1940年代から設置された。その後、移民の増加に伴い反移民感情が高まると、民主党のジミー・カーター政権は1979年、金網の上に有刺鉄線を載せた強固なフェンスの設置を進めた。共和党保守派のロナルド・レーガン大統領の時代にはフェンスの設置は進められず、86年に成立した移民改革管理法では、不法移民を雇用した企業の法的責任を強化するかわりに、米国で就労していた200万人以上の不法移民が合法化された。それに続く民主党のビル・クリントン政権時には、国境の管理強化を求める声に押され、フェンスの強化を進めた。

近年では、共和党のジョージ・ブッシュ（子）政権が2006年、1100キロ超に及ぶ二重の強化フェンスの設置を決めた。次のオバマ政権時代には、ブッシュ政権から引き継いだ200キロ以上が設置された。

これに対し、トランプ氏の在任中に新たに建設したのは80キロ程度にとどまり、約640キロは既存のものを強化した。バイデン大統領は就任時の2021年1月に「巨大な壁の建設は解決策にならない」と宣言し、翌月にはトランプ氏が発令していた国家非常事態宣言を解除して壁の建設をストップした。だが、不法移民の大量流入に対する批判の高まりを受け、23年10月に方針を転換し、トランプ政権時に決まっていた約32キロ分の建設を承認した。この際、トランプ氏は「私が正しかったことを証明している」と自身の交流サイト（SNS）に投稿した。

進まない移民制度改革

メキシコから国境を越えてくる不法移民が後を絶たないのは、国境の壁の問題ではない。米当局の体制や制度に不備や至らぬ点が多々あるからだ。

テキサス州の警備が厳格化されたことや、メキシコが2024年初頭から米国境に国家警備隊の配置を強化したこともあって、24年に入ると不法移民数はやや減少に転じた。移民は比較的取り締まりの緩いところを狙って越境しようとしており、その結果、移民に寛容なカリフォルニア州での不法入国が相対的に増えた。23年4月には、米税関・国境警備局（CBP）が取り締まりを行うテキサス、ニューメキシコ、アリゾナ、カリフォルニア4州・9区域の中で、テキサス州のエルパソやアリゾナ州のツーソンを超え、サンディエゴが25年ぶりに最も多い不法移民数を記録した。移民の国籍も多様化し、中南米だけでなく、中国やアフリカの出身者も増えている。

不法移民の大量流入を招く要因の1つとなっていたのが、国境で拘束される際に入国理由を「亡命」と主張すれば、基本的にすぐに釈放され、一時滞在を許される仕組みだ。

米国ではどのように入国したかにかかわらず、いったん亡命申請さえすれば合法的に就労が可能だ。

2024年4月、メキシコ国境のカリフォルニア州ハクンバ・ホット・スプリングスのキャンプ。コロンビア出身のブランドン・キンテロさん（22）ら3人の若者グループは、逮捕されるために国境警備隊を待っていた。就労目的で入国したキンテロさんらは「できるだけ合法的に物事を進めたいからだ」と語った。拘束されても釈放されれば、仕事をできることが分かっていたからだ。

同月末、国境に近い同州サンディエゴの路上に、近くの収容施設から釈放された約50人の不法移民が、米税関・国境警備局のバスから荷物を持って降りてきた。釈放時に渡される書類には、亡命の是非を判断する移民裁判所への出廷日が書かれている。グアテマラ出身のブレンダさん（47）は、3年半後の27年10月を出廷日と指定され、「病気の息子や高齢の両親に送金するために、亡命が認められる前に労働許可証を申請したい」と語った。もっとも、労働許可証を待たずに不法就労で生活基盤を築く人も多い。

亡命を希望する移民は入国から1年以内に全米各地の移民局（USCIS）に申請書類を提出しなければならない。移民局で難民認定を受けるケースもまれにあるが、ほとんどの移民希望者は移民裁判所に送られる。だが、移民審判官の人員不足が深刻なため、裁判所への書類提出から審理開始までに平均４年かかり、約１１０万人は保留中との統計もある。２０２３年12月、シラキュース大学は移民審判官１人あたり４５００件の案件を抱えているとの調査結果を発表した。

移民希望者が移民裁判所で亡命認定を受けるのは１割強にとどまり、却下されると母国への強制送還が命じられる。だが、連邦控訴裁判所などへの上訴も可能で、結論が出るまでさらに期間を要する。この間に生活基盤を築き、米国に居着く移民が多いのが実態だ。

共和党員でサンディエゴ郡の立法府にあたる監督委員会のメンバー、ジム・デズモンドさん（68）は、「米国は際限なく移民を受け入れ、放置している。移民は仕事を見つけ、子供を作り、いつの間にか私たちと同化している。その先に待つのは、無秩序な社会だ」と嘆く。

移民の適切な管理には移民制度の改革が欠かせないが、最後に抜本改革されたのはレーガン政権時の１９８６年にさかのぼる。近年改革が進まないのは、不法移民を忌避する共和党と受け入れに積極的な民主党の溝が大きいためだ。移民を支援するロサンゼルスの弁護士、リンジー・タズロウスキーさん（44）は「米国は移民裁判所の審判官を確保する投資をしてこなかった」と問題点を指摘する。

2024年2月には上院の超党派が、大統領権限で一時的に国境を閉鎖できる規定を盛り込んだ法案で合意に達した。国境警備の予算拡充を含み、近年では最も厳格な内容とされたが、トランプ前大統領が「民主党への贈り物になる」と難色を示し、下院共和党の反対で頓挫した。

これに対し、バイデン大統領は2024年6月に大統領令を出し、亡命申請の扱いを大幅に変更した。メキシコ国境などから入国した不法越境者が1週間平均で1日あたり2500人を超えた場合、亡命申請を受理せず、メキシコや本国に即時送還すると規定したのだ。大統領令を出してからの不法越境者はその後の3週間で40％以上減少し、効果は表れた。

ただ、身内の民主党からは異論が出た。移民の人権を重視する急進左派の代表格プラミラ・ジャヤパル下院議員は「バイデン政権が強制的な手段に出ることに深く失望している」と声明で批判した。

たどり着いたニューヨーク、後悔する移民たち

テキサス州などがバスによる不法移民の移送を始めた2022年4月から24年春までに、ニューヨークには18万人以上の不法移民が押し寄せた。摩天楼がそびえるマンハッタンは不法移民で飽和状態になっている。

2023年10月。観光客でにぎわうタイムズスクエア近くのバスターミナルには不法移民を乗せたバスが連日、到着していた。

南部の州からの移動距離は数千キロ、数日かけてバスで移動する人もいる。テキサス州エルパソからだと3000キロ超の道のりだ。大きな荷物を背負い、乳児を抱える母親の姿もあったが、疲れた様子はない。市の担当者は家族連れや独身などのグループに分け、市内約220か所に設置したシェルターに向かうバスに振り分けていった。

妻子と3人で入国したベネズエラの男性(30)は、「母国は殺人やレイプが横行して危険すぎる。仕事があっても1か月60ドル(約9000円)ほどだ。ニューヨークではたった1日で数か月分の給料を稼げる。ここで第二の人生を始めるんだ」と高揚した様子で語った。ベネズエラは反米左派のニコラス・マドゥロ政権の下、政情不安が続いており、最近は米国への不法移民が急増している。ニューヨークにバスでたどり着く人の

中でも、ベネズエラ出身者が目立つ。

2022年9月にベネズエラからパートナーと不法入国したヨセリンさん(27)は、ニューヨークに住み始めて1年以上が経過した。ヨセリンさんは妊娠8か月の大きなおなかを抱えているが、「父親」であるパートナーとの将来が気がかりでならない。住んでいるシェルターは手狭で、広いところに移りたいものの、不法就労の安い日雇いを続けているパートナーの収入では、今後の生活の展望は描けない。「今の生活でさえ、本当に苦しいのに、子供が生まれたらどうなるのか、とても不安。正直、ニューヨークがこんなにも過酷な街だとは思ってもみなかった」と打ち明けた。それでも、「私の夢はいつか、自分たちの力で車を持ち、家を持って生活をすること。米国という国は努力すれば、夢を叶えてくれる国だと今も私は信じている」と前向きに語った。

ブルックリン地区のシェルターで収容されている人に話を聞くと、SNSをきっかけに渡米を決意したという人が目立った。移住を後悔している人も少なくない。

エクアドルから来たという女性(25)は「私の周りは皆、TikTok(動画共有アプリ)をきっかけに渡米している。簡単に仕事が見つかるし、お金が稼げるという動画がたくさん出回っている。しかも、仕事を始めるのに500ドルあれば、十分だと。でも実際、米国に向かう旅路で越境するのにブローカーにたくさんのお金を支払ったし、米国に来ても労働許可が無いから仕事も見つからない。このままだと、ホームレス生活になってしまいそう」と肩を落とした。

中南米以外からやってくる人も多い。２０２３年春にモロッコから来たという男性のハンタールさん（22）のきっかけもＳＮＳだ。「コロナ下では移動ができず、ずっと自宅でＳＮＳを見ていた。そうした中、『米国がコロナの規制を解除し、移民を受け入れ始めた』という動画を目にするようになった。特にカリフォルニアやニューヨークは、不法移民はホテルも食事も無料。さらに月に数千ドルも稼げるという情報がＳＮＳ上に出回っていた。それを毎日、何度も見るうちに渡米しようと決意するようになったんだ」と明かした。モロッコからスペインに渡り、船でコロンビアに渡航した後は、パナマやホンジュラスなど駐米各国を通過し、半年かけて米国にたどり着いた。「でも、米国に来てみて、初めて知ったんだ。不法移民は正規に仕事できないし、シェルターはすごく汚くて、暴力も横行している。住めるような環境じゃないし、最悪な生活環境だ。俺が信じていたSNS上の情報は全てデマだったんだ」と苦笑いを浮かべた。今は母国に帰るお金も手段もなく、途方に暮れている。

「聖域都市」で広がる反発

米国では不法移民に寛容な都市を「聖域都市（サンクチュアリ・シティー）」と呼ぶ。独自の法律や条例を定め、不法移民の生活支援などを行っている。1980年代に中米などから米国入りする不法移民への政府対応に不満を抱いた教会が主導し、自治体レベルで移民保護を推進したのが始まりだ。

ニューヨークは聖域都市の代表格で、市は必要のある人にシェルターを提供することを法律で定めている。歴史的に多くの移民を受け入れてきた経緯から、ニューヨークの人種構成は多様だ。米国勢調査局によると、人口に占める白人の割合は2020年時点で全米の半分程度の31・9％にとどまる。次いで中南米からのヒスパニック系28・9％、黒人23・4％、アジア系14・2％と続く。移民政策の恩恵を受けてきた市民が多く、新たな移民を受け入れる風土がある。

エリック・アダムズ市長（民主党）は南部の州から不法移民の移送が始まった頃、「ニューヨークは聖域都市だ」と歓迎していた。

実際に不法移民を手助けするボランティア団体も数多く存在し、ニューヨークだけで

１００団体以上とも言われている。

　そのうちの１つ「ＥＶ♡ＮＹＣ」は２０２０年からニューヨーク市内のシェルターに、毎週２０００食を無料で提供し続けている。23年９月上旬、マンハッタンにあるキッチンでは、大学生ら約30人のボランティアが集まり、グリーンカレーやハンバーグ弁当を作っていた。代表を務めるムハンマド・マハムーディさん（36）は「食材となる肉や野菜などは飲食店の有志によって寄付で集められている。本当の意味で草の根の活動なんだ」と語った。

　弁当は、ニューヨーク市内数か所のシェルターに配送されていった。そのうちの１つ、ブルックリン地区のシェルターでは、移民らが弁当を載せた配送車の前で長蛇の列を作っていた。エクアドルから来た男性（47）はグリーンカレーの弁当を選び、「シェルターで出される飯は、ほとんどスナック同然でひどいものだ。でも、外食できるお金なんて持ち合わせていない。ボランティアのこうした弁当は本当にありがたい」と話すと、勢いよくカレーを口にかきこんだ。

　だが、想定もしていなかったような不法移民の流入が続き、歓迎ムードは一変した。アダムズ市長は２０２３年10月、市に非常事態宣言を出した。22年６月に39か所だったシェルターは、24年3月には約220か所と5倍超に急増した。1泊300ドル（約4万5000円）前後のホテルや学校の体育館もシェルターに転用せざるを得ない事態に追い込まれた。観光客でにぎわうマンハッタン各地に設置されたシェルター周辺の路上や公園では、時間をもてあました移民らが路上やベンチにたむろする姿が目立つようになった。

急増する不法移民に、市内の会社員女性（31）は「犯罪歴も何も審査されていない不法移民がどんどん増えている。治安が心配だ」と口にした。

アダムズ市長は急増を続ける不法移民によって「街が壊れてしまう」と公言するようになり、2023年末にはテキサス州などが不法移民を送り込むバスの到着時間帯を事前通知するよう義務付け、32時間前までに市に通告するよう運行業者に求めた。通告要請などで移民流入に事実上制限をかける狙いだ。

ニューヨーク市の2022年の犯罪件数は前年から2割以上も急増し、不法移民の増加が原因とも指摘された。23年は22年に比べて微減だったが、中南米からの移民らによる暴行が6・3%、刺殺が5%、窃盗は15%増えた。窃盗では移民らによるひったくりが相次いでおり、警察当局が警戒態勢を増強せざるを得ない事態となっている。

市の財政負担も深刻だ。2024年1月には、ニューヨーク州知事が移民対策として24億ドル（約3600億円）を拠出すると発表したが、アダムズ市長は「それでも足りない」と訴えた。移民にかかる費用は半年で「46億ドル（約6900億円）に上る」としている。民主党支持者らの間でも「医療や福祉、教育などの予算が削られかねない」などと不安が広がっている。州や市は打開策を見いだせずにいる状況だ。

新たに開設が決まったシェルターの周辺では、市民らによる抗議デモが頻発している。

ニューヨーク市南部のスタテン島で、かつてカトリック系の学校として使われていた校舎をシェルターに転用すると市が決定し、2023年8月から移民の受け入れを開始した。これを受け、地元住民らによる抗議デモが連日のように起きた。抗議デモに集まった人々はマイクを手に、「ニューヨークが聖域都市であることは理解している。だが、我々の思いやりには限界がある」と、シェルターを閉鎖するよう訴え続けた。抗議デモが激しくなって警官隊と衝突するなどして拘束される人も続出した。その数か月後、抗議デモの影響なのか、市は防災設備の不備など安全面で不備があったとして施設を閉鎖した。

シエナ大学（ニューヨーク州）が2023年10月、約1200人を対象に行った調査では、ニューヨーク市民の84%が移民流入について「深刻な問題」と回答した。同大学のスティーブン・グリーンバーグ世論調査員は「移民に寛容だった市民の間で、移民が重荷との意識が広がっている」とみる。

2024年5月時点で、移民の流入は以前よりは減少傾向にあるが、約220か所のシェルターは満員状態が続く。ニューヨーク市会計検査院によると、シェルターに住む78%が家族連れだという。ニューヨーク州は現在、推定33万件の亡命申請が保留状態にあり、移民問題の長期化は不可避だ。市は今も新たなシェルターの確保に迫られているという。

国境から2000キロ離れたシカゴで

不法移民の大量流入に困惑している聖域都市はニューヨークだけではない。米メキシコ国境から約2000キロ離れた大都市シカゴもまた、移民問題で揺れている。

雪が舞った2024年4月、市中心部から車で約10分の場所にあるかまぼこ形の大型テントに、スペイン語を話す集団が続々と吸い込まれていった。くたびれた白い布をかぶった子供や、半ズボンにサンダル姿の人もいる。そのほとんどが、ベネズエラなど中南米の国から来た不法移民だ。

彼らはテキサス州などから無料バスでシカゴに着くと、まず「ランディング・ゾーン（着陸帯）」と呼ばれるこのテントを目指す。衣服などを受け取ると、市内に約20あるシェルターや知人がいる別の都市へと散らばっていく。

テントで一夜を明かしたハビエル・オルテガさん（43）は、「米国でも建設の仕事をして、ベネズエラに残した病気の両親に送金したい」と語り、まめがつぶれて皮膚が硬くなった両手のひらを広げた。ズボンのポケットには、ミシガン州デトロイト行きのバスのチケットが入っていた。頼りになる知り合いがいると説明したところ、テントで提供されたのだという。

「ランディング・ゾーン（着陸帯）」を目指す移民希望者。シカゴで

シカゴではシェルターから不法移民があふれ、一時は警察署や空港で寝泊まりする人が現れた。シェルター運営

などにかかった費用は2024年3月末時点で4億ドル（600億円）を超え、市民の不満が高まっている。

結局否決されたものの、市議会では聖域都市であり続けるべきかどうかを問う住民投票を行うべきだとの意見が出た。24年4月に移民対策費として7000万ドル（105億円）の追加予算案が可決された際も、定数50のうちほとんどが民主党系なのにもかかわらず、反対票は18票に上った。

追加予算案に賛成した民主党市議の1人は、「移民希望者を乗せたバスを送りつけてくる連中の目的は、私たちを分断することだ。これでは相手の思うつぼだ」と述べて団結を訴えた。これに対し、反対票を投じた民主党議員は、「医療、住宅、教育、すべて支援するから移民希望者が集まってくるのだ。援助の蛇口を閉じれば、彼らがここに来ることはなくなるはずだ」と主張した。

やはり反対票を投じた民主党のレイモンド・ロペス市議（46）は、「連邦政府はもっと真剣に対処すべきだ。移民問題は、シカゴを含む北部の都市をも『国境の町』に変えてしまった」と嘆息する。

黒人対不法移民

シカゴでは、不法移民問題が人種間の対立にまで発展している。民主党の支持基盤である黒人らマイノリティーの間で、不法移民に予算が優先配分されることへの不満がくすぶっているためだ。

「行政は俺たち黒人を無視して、あいつらにばかり金を使っている。まるで無視されているみたいだ」

住民の8割を黒人が占めるウッドローン地区で暮らすウィリアム・スーバーさん(48)は、こう不満をぶちまける。「あいつら」とはスーバーさん宅の近くにあるシェルターに身を寄せる中南米からの不法移民ら約600人のことだ。

廃校がシェルターに姿を変えたのは、2023年2月のことだ。その前月の住民説明会には100人ほどが参加し、ほとんどが設置に異論を唱えた。ある黒人男性が「人を助けるのは美しいことだ。さて、長年ここに住む我々のことはどう思っているのか」と市の対応を皮肉ると、会場は拍手に包まれた。

スーバーさんは1年以上失業していたが、半年かかってレッカー車運転手の職を見つけた。黒人は低賃金の仕事に就く人が多く、不法移民は労働市場でライバルとなる。スーバーさんは、「あいつらはおれの就きたい仕事を奪って、カネを手に入れるかもしれない」と警戒心を隠そうとしなかった。

一方の不法移民は、注がれる冷たい視線に不満げだ。シェルターに滞在しているベネズエラ人のイサク・ムヒカさん（42）は、「黒人がこの国で虐げられてきたのはわかる。だが、私たちに敵意を向けるなら、それも差別だ」と訴える。

ムヒカさんは、2024年3月末にテキサス州エルパソに到着するまで、2か月かけて陸路を移動した。ダリエン地峡では、遺体を脇目にジャングルを抜けた。メキシコでは、賄賂を要求される検問所を避けて遠回りを繰り返した。夜中に悪夢でうなされるというムヒカさんは、「苦労してようやくここまで来た。地域の住民の邪魔はしないので、どうか私たちのことも放っておいてほしい」と訴えた。

市で移民政策の責任者を務めるベアトリス・ポンセデレオン氏（56）は、黒人たちと不法移民らの間に起きている摩擦の存在を認めた上で、「行政が何もしなければ数千人が路上で生活することになる。それこそ地域の生活や経済に悪影響を及ぼしてしまう」と、受け入れに理解を求めた。「長い目で見れば、彼らは都市の一員となり、街づくりに貢献してくれる存在になる。シカゴの歴史がそうだったように」とも語った。

シカゴの発展は、常に「新参者」に支えられてきた。19世紀に水運や鉄道の要衝となったシカゴには、欧州から爆発的に人が流入した。1890年頃には人口が100万人を超えたが、約79％が外国生まれの移民かその子供だったという。

20世紀に入ると、米国では隔離政策などで苦しむ黒人が南部から北部へ移住する「グレート・マイグレーション」が起きた。シカゴは「約束の地」と呼ばれ、主要な目的地となった。黒人たちは新天地でも差別にさらされたが、耐えながら市の労働力不足を補い、発展に大きく貢献した。人口規模では現在、ニューヨーク、ロサンゼルスに次ぐ全米第3の都市だ。

黒人初の市長に就いたハロルド・ワシントン氏は1985年、こうした歴史的背景から、「国籍や市民権に関係なく、すべての住民が機会、サービスを平等に享受できることを保証する」とする行政命令を出し、シカゴが聖域都市と呼ばれるきっかけを作った。駐日米大使を務めるラーム・エマニュエル氏を含む歴代市長もこの精神を引き継ぎ、市民たちもこの寛容な価値観に誇りを持ってきた。

人種間の不和が露呈しているウッドローン地区でも、不法移民たちに手を差し伸べている人はいる。黒人牧師のケネス・フェルプスさん（60）はその1人だ。

フェルプスさんは、住民とシェルターで生活する人たちの両方を招き、一緒に料理をしたり、座談会形式で話したりする機会を設けている。「会話をしてみると、抱えている悩みなど共通のものがあることがわかり、相互理解につながる」のだという。移民たちが日常生活や仕事で困らないようにと、教会で無料の英語教室も開いている。

しかし、とめどなく流入する不法移民のあまりの多さに、市民に根付いた寛容な価値観は揺さぶられている。フェルプスさんも、市が2年間と説明するシェルターの設置期間について、「閉鎖に向けた具体的な動きが見えず、懐疑的にならざるを得ないのが実情だ」とこぼした。

ヒスパニック系からも強まる不満

不法移民に冷たい視線を投げかけるマイノリティーは黒人だけではない。ヒスパニック系の中にも、不法移民がとめどなく流入してくることへの不満が出始めている。ヒスパニック系は近年の移民の主流を占めていることもあり、移民に寛容な民主党支持者が伝統的に多かったが、最近は不法移民への厳格な対処を主張する共和党やトランプ前大統領への支持が広がっている。

民間調査機関ピュー・リサーチ・センターによると、ヒスパニック系有権者は２０１８年の米中間選挙で72％が民主党候補を支持し、共和党候補への支持は25％だった。ところが22年の中間選挙では民主党候補が60％、共和党候補が39％と差が縮まった。

テキサス州サンアントニオのケリー・ロドリゲスさん（39）は、バイデン政権の不法移民対策に不満を抱えるヒスパニック系の１人だ。バイデン政権下で、「国境は完全にオープンになった」と指摘する。

ロドリゲスさんが特に主張するのが、不法移民の流入による治安の悪化だ。「サンアントニオやその周辺で犯罪がかなり増えた。周辺の閑静で豊かな地区ですら、銃を使った犯罪が連日起きている」と主張する。トランプ氏が大統領に返り咲くことで、新たな不法移民の流入は止められると考えているが、すでに米国に滞在している不法移民を退去させるのは難しいとも感じている。「もう手遅れのような状況だ。せめて本当に危険な人物だけでも国外に出すことができれば良いのだが……」と語った。

ヒスパニック系には、不法移民との職の奪い合いが過熱することへの懸念もある。土木や配達など単純労働市場で働く人が多く、不法移民と競合してしまうからだ。その結果、低賃金労働が固定化してしまうとの不安が広がり、移民政策に厳しいトランプ氏への支持が広がる一因となっている。エクアドルからニューヨークに約20年前に移住した土木作業員の男性（36）は「中南米からの移民急増で、すでに仕事の奪い合いが始まっている。移民が増えれば、低賃金で働く彼らに仕事を奪われてしまう」と不安を口にした。

ヒスパニック系には信仰心の厚いカトリック信者が多いことも、保守的な共和党への支持が増えている背景にあるとの見方もある。

横行する不法就労

米国内の不法移民の数は1100万人に上ると見積もられており、低賃金労働で米国経済を下支えしている。労働許可がない限り雇用してはいけないのが建前だが、日雇い労働者として不法就労させる企業も少なくないのが実情だ。

ニューヨーク・マンハッタン中心部のシェルターに転用された旧ルーズベルトホテル前には、原付バイクが長い列をつくって停められている。ほとんどが、料理宅配サービス「ウーバーイーツ」などで稼ぐために移民らが借りたバイクだ。

こうした宅配サービスの職に就くには、携帯アプリでの登録に運転免許証などの証明書が必要なため、不法入国した移民らが登録することは本来なら不可能だ。だが、米紙ニューヨーク・タイムズによると、ブローカーに週に数百ドル支払うとアプリでの登録からバイクの貸し出しまでしてくれるのだという。

２０２３年５月にベネズエラから来たという男性（24）はウーバーイーツの宅配で月３０００ドル（約45万円）前後稼いでいると明かした。男性は、「バイクのレンタル代は１か月約１５００ドルもするが、休みなしで１日10時間ほど働けば１５００ドルは手元に残る。ニューヨークは信じられないくらい物価が高いが、シェルターで住居費が無料というのがありがたい。たった１か月で母国の年収の10～20倍くらいは稼げる」と語った。

だが、ニューヨーク市警はこうした事態を重く見て、ウーバーイーツの宅配などで稼ぐ不法就労の摘発を強化し、２０２３年９月までに７０００台以上の原付バイクを押収したという。

また、建設や土木の現場でも不法就労が横行している。ニューヨーク市内各地では高層ビルの建設が相次ぐ。現場をのぞくと中南米出身の移民らが話すスペイン語が飛び交っていた。

2023年5月にペルーから妻（24）と息子（4）と来たというブライアンさん（24）は、土木や建築などの日雇いを斡旋してくれるブローカーを通じて、建設作業に従事している。「ペルーには仕事が無くて、アメリカンドリームをつかみたくて、ここまでたどり着いた。労働許可証はないが、仕事をしないと妻子を養えないので不法でも日雇いで働くしかない。今は1日160ドル（約2万4000円）稼げている。早く就労許可を得て正社員として働き、生活を安定させたい」と語った。

エクアドルから不法入国し、釈放後、サンディエゴ空港でニューヨーク行きの便を待っていたヤンドリー・カスティージョさん（21）は、「ニューヨークでは社会保障番号が買えるそうだ」と悪気のない様子で語った。社会保障番号は米政府が個人に発行する9桁の番号で、就労時に必要となる。外国人は就労ビザがなければ取得できないが、都市部では移民の間で偽の番号の取引が横行しているという。

急増するヒスパニック、2言語国家へ

米国の人口構成は、移民の急増で大きく変化している。

米国勢調査局によると、1960年は人口に占める白人の割合は88・8％だったが、

80年79・４％、90年75・６％、２０００年69・１％と縮小し、20年には57・８％にまで減った。若い世代ほど白人の割合は減っており、18歳未満では既に20年に半数を割り込んでいる。今後、30年に55・５％、45年には49・７％と半数を割り込む見通しで、建国以来、初めて非白人が多数派となるのは時間の問題だと言える。

急増しているのはヒスパニック系の人々だ。１９８０年の国勢調査で６・４％にすぎなかったが、２０２０年には18・７％に増えた。10〜22年の間で増加した人口約２４５０万人のうち、半数以上がヒスパニック系だ。60年には全体の約３割を占める見通しだ。移民として大量に流入してくることに加え、白人と比べて出生率が高いことも急増する要因となっている。

ピュー・リサーチ・センターによると、カリフォルニア州では２０１４年に既にヒスパニック系人口が白人人口を上回った。22年までの12年間でヒスパニック系が１００万人以上増加した州は、テキサス（約２５０万人増）、カリフォルニア（約１６０万人増）、フロリダ（約１８０万人増）で、この３州でヒスパニック系の人口増加の半数を占めた。ニューヨーク（約43万人増）やニュージャージー（約46万人増）も増加が著しい。

米民間マーケティング会社「クラリタス」は、ヒスパニック系は２０２９年まで毎年

150万人近くが新たに入国すると予測している。さらに、所得水準の高いヒスパニック系が年々増加しており、24年の推計値としてヒスパニック系世帯のうち、年間所得10万ドル以上（約1500万円）は全体の約3割、20万ドル（約3000万円）以上の世帯は7・3％を占めるとしている。クラリタスは、「ヒスパニック系は消費活動が旺盛で、消費市場にも大きな影響力を持つ」と指摘している。

ヒスパニック系の増加と比例して米国で存在感を増しているのが、スペイン語だ。WASPの国であり、英語話者が前提であった米国の変容を象徴する現象と言える。

メキシコとの国境沿いに位置するカリフォルニア州カレクシコ（Calexico）は、「カリフォルニア（California）」と「メキシコ（Mexico）」という二つの地名に由来している。メキシコ側にも「メヒカリ（Mexicali）」があり、朝夕にはそれぞれ国境の向こう側へと急ぐ車で検問所につながる通りは大渋滞する。

「私たちは、このユニークな国境を越えたコミュニティーにおいて、すべての人々の生活の質を向上させるため、効果的かつ効率的なサービスを、礼儀正しく、敬意を持って提供することを誓います」

2023年9月に訪れたカレクシコの町役場の壁には、英語でこんな標語が刻まれ、最後に「VIVA CALEXICO!」と締めくくられていた。スペイン語で「カレクシコ万歳！」という意味だ。

カレクシコには、メキシコなど中南米の国々で使われているスペイン語があふれている。商店街にはスペイン語の看板が並び、スーパーでお目当ての商品を探す客と店員の会話もスペイン語だった。20人ほどが座れるタコス店に入ると、テレビから流れていたのは、メキシコ市で起きた車の窃盗事件について伝えるスペイン語のニュース番組だった。

「1週間、英語を口にしないこともある。英語は全然話せないのよ」

この店を切り盛りしているクラウディア・オルティスさん（50）は、スペイン語でこう話すと無邪気に笑った。メキシコ国内を転々とした後、夫、子供2人とともにカレクシコに移り住んだのは19年前のことだ。ほ

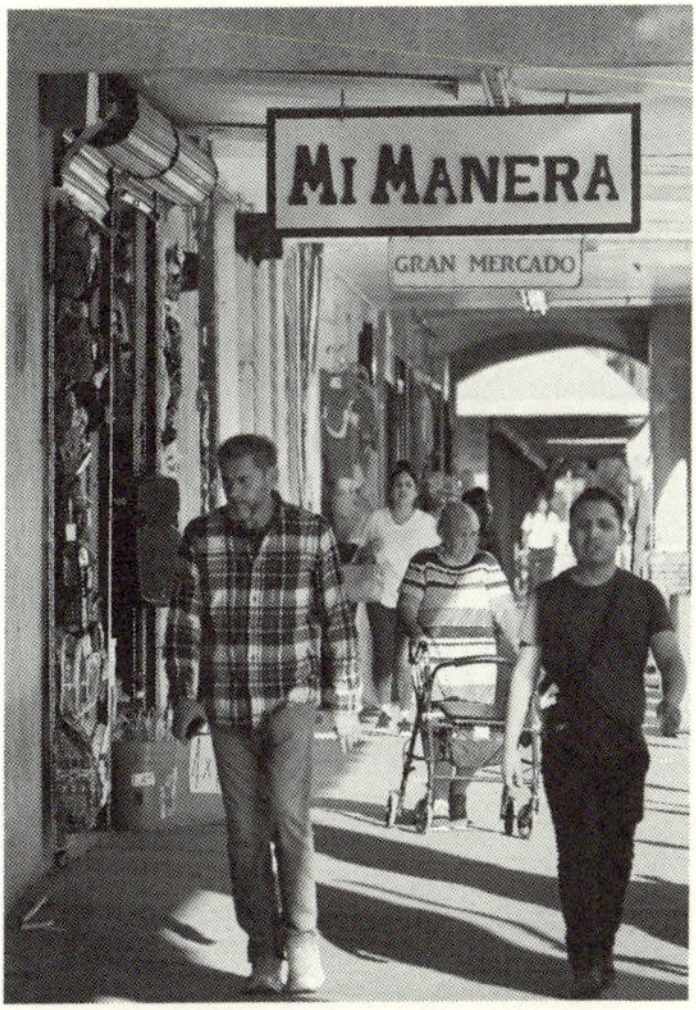

スペイン語の看板が目立つ、カリフォルニア州カレクシコの商店街

図7 各州でスペイン語を話す人口の割合

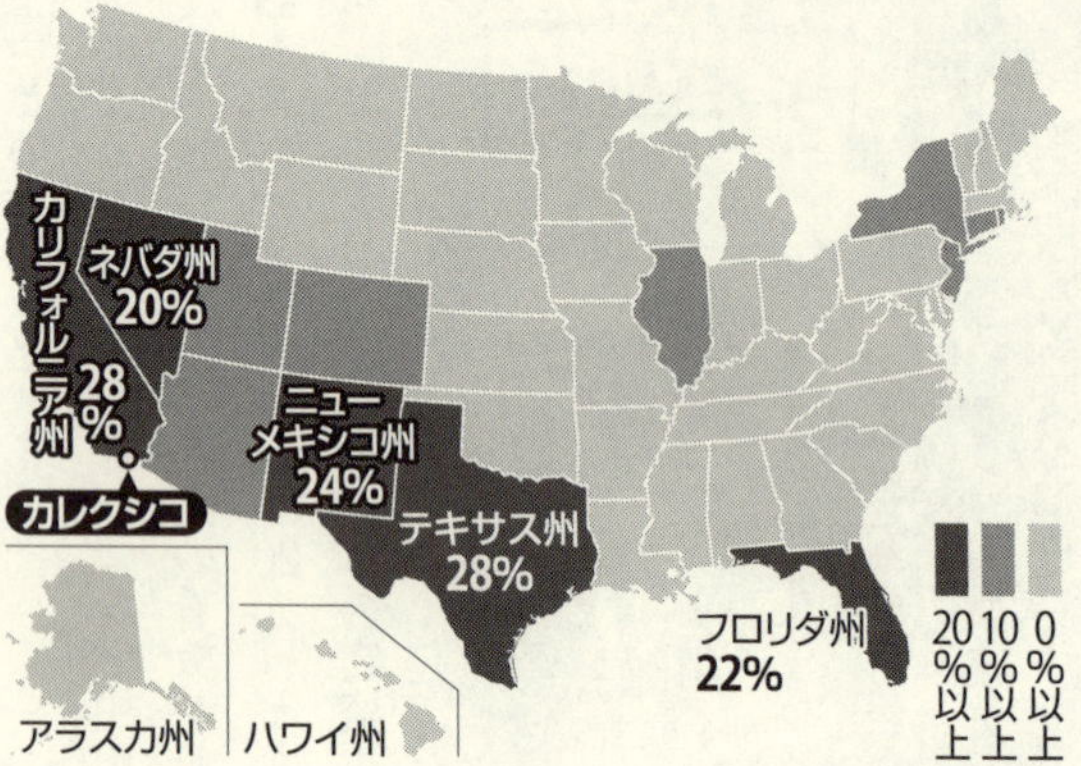

※米国勢調査局のデータを基に作成。５歳以上が対象

どなくして飲食業で生計を立てるようになったが、客も同僚もみんなスペイン語を話すため、英語は上達しないのだという。カレクシコでは、人口約３万８０００人の94％が自宅でスペイン語を使っている。オルティスさんの「ここはまるでメキシコよ」という言葉は、決して大げさではない。

米国におけるスペイン語の浸透は、カレクシコのような国境の町に限った話ではない。カリフォルニア州では、人口の約４分の１に当たる１０００万人以上がスペイン語を話すとされる。警察官のスペイン語習得が推奨され、同時通訳による「２言語化」を取り入れた地方議会まである。

米国勢調査局の資料（図７）によると、カ

リフォルニア、テキサス、ニューメキシコ、フロリダ、ネバダの各州は、人口の2割以上がスペイン語を話す。こうした州を中心に、スペイン語話者は全米で5000万人を超え、すでにスペインの人口（約4700万人）を上回っている。中南米移民の流入や出生率の高さから、30年後には世界最多の1億3000万人に達するとの推計もある。米国は、英語とスペイン語の「2言語国家」への道を突き進んでいる。

英語公用語化の動き

実は、米国では連邦レベルの公用語が存在しない。英植民地時代から英語の使用が前提だったため、建国当時にあえて規定する必要がなかったというのが定説だ。ただ、その後は米国文化の前提に英語を位置づけようとする動きも目立ち、曲折を経てきた。

東欧や南欧からの移民が大量に押し寄せていた頃と重なる1906年制定の帰化法は、英語力を市民権獲得の要件にした。当時のセオドア・ルーズベルト大統領は、「米国に来た移民が我々と同化しようとするならば、その人物を信条や出生地、出自で差別するのは言語道断であり、完全に平等に扱う必要がある」とした上で、「ここには1つの旗しかない。それは米国の旗だ。そしてここには1つの言語しかない。それは英語だ」と訴えた。

逆に、黒人の公民権運動が盛り上がった1960年代には、ヒスパニック系への配慮も広がり、学校でのバイリンガル教育が制度化された。75年には、改正投票権法により、一定の条件がそろえば選挙資料が「少数言語」に翻訳されることになった。最も大きな恩恵を受けたのは、「最大のマイノリティー」であるヒスパニック系だ。

確実に存在感を高めているスペイン語には、移民への不満や英語の地位が脅かされるといった不安が相まって、保守派を中心に反発が強まっている。彼らは、英語を話すことが国民意識（ナショナル・アイデンティティー）の形成に重要と考える向きがある。ピュー・リサーチ・センターの2020年の調査によると、保守派の91％が「英語を話すこと」を「とても重要」あるいは「いくらか重要」と答えた。自身をリベラルだと定義する人の場合は54％で、大きな差が見られた。

トランプ前大統領も、2016年大統領選の共和党指名候補争いのテレビ討論会で、滑らかなスペイン語を話すジェブ・ブッシュ元フロリダ州知事に対し、「この国は英語を話す国だ。スペイン語ではない」と批判を展開した。党の指名を獲得し、本選で民主党のヒラリー・クリントン元国務長官を破ったトランプ氏は、大統領に就任した17年1

月にホワイトハウスのホームページから「スペイン語版」を消去した。この仕様は、21年1月にバイデン大統領が就任するまで元に戻ることはなかった。

トランプ氏が副大統領候補に選んだJ・D・バンス上院議員らは2023年3月、英語を連邦の公用語にする法案を議会に提出した。提案理由では、「英語は250年以上にわたって米国文化の礎となってきた。その地位を法律で成文化する時期はとうに過ぎている」と主張した。

これまで実を結んだことはないが、こうした英語の公用語化を目指す法案の提出は、1980年代から繰り返されてきた。最初の試みとされるのは、カリフォルニア州選出の共和党上院議員だったサミュエル・イチエ・ハヤカワ氏が81年に提出した憲法条項修正案だ。米UPI通信の当時の報道によると、カナダ生まれの日系人であるハヤカワ氏は、「もし私が英語を話せなかったら、私の住む世界は日本語コミュニティーの中に限定されただろう。どんなに才能があっても、その外でビジネスをしたり、公的な問題の解決に携わったりすることはできなかった」と語った。

ハヤカワ氏が1983年に発足させ、現在も「英語公用語化運動」を展開している団体「USイングリッシュ」で代表を務めるマウロ・ムヒカ氏（82）は、「言語学に精通していたハヤカワ氏は、国の統一を保つためには、誰もが話せる1つの言語を学ぶことが非常に重要だと考えていた」と解説する。ムヒカ氏は、「もし私が日本に移住するなら、当然最も多くの人が話す日本語を学ぶ必要がある。ところが、米国に来た一部の移民たちは英語を学ぼうともせず、まるでゲットー（居住区）に閉じこもっているようだ」と述べ、移民が英語を学ぶことが義務だと感じるように、英語を連邦の公用語に定める必要性を訴えた。

一方、米パデュー大学のウェイン・ライト教授（56）（言語学）は、保守派のこうした考え方に対し、「英語を移民排斥の建前にしているのではないか」と疑問を投げかける。「言語での線引きは、『あなたたちはここの人間ではない』というメッセージとなり、分断を深める」とも指摘する。実際、米国内では英語を話さない移民に対し、敵意が向けられることが少なくない。

2017年には、ニュージャージー州のクリフサイドパーク高校で、教諭がスペイン語で私語を交わす生徒たちに向かって「米兵はあなたたちがスペイン語を話す権利のために戦っているのではない。『アメリカン（米語）』を話す権利のために戦っているのだ」と言い放った。この発言には、ヒスパニックの生徒たちを中心に反発が広がった。

生徒たちは、米メディアの取材に対し、「私にはスペイン語でも英語でも、好きな言語を話す権利がある。英語を話す必要があると定めた法律はない」「学校は安全な場所であるべきだ。攻撃を受けていると感じる場所にしてほしくない」――などと抗議の声を上げた。

翌年、ニューヨーク・マンハッタンの飲食店で、スペイン語で会話していた従業員たちを白人男性が叱責する動画がインターネット上で広がった。男性は店の責任者に対し、「ここは米国だ。従業員は英語で話すべきなのに、客にスペイン語で話しかけている」と不満を爆発させた。さらには、従業員たちが不法に入国していると決めつけ「ICE（移民・関税執行局）に電話してやる」とどなり散らした。

保守派の苛立《いらだ》ちをよそに、ライト教授は、「米国で英語の地位が脅かされているなどということはない」と断言する。「そもそも、スペイン語を話す人の多くが、実は英語も話すバイリンガルだ」というのが理由の1つだ。確かに、教諭の指導に不満をあらわにしたクリフサイドパーク高校の生徒たちも、インタビューには英語で答えていた。

ヒスパニックは、世代交代が進むにつれ、スペイン語を話さなくなる傾向があるというデータもある。ピュー・リサーチ・センターの2023年の調査によると、米国生まれのヒスパニック系で「スペイン語でうまく会話ができる」と答えた人は57%にとどまり、3世以降に限れば34%まで減る。

カレクシコでタコス店を営むオルティスさんも、米国で生まれた2人を含む計4人の子供たちについて、「子供たちは私と違って英語がペラペラよ。メキシコというルーツを持つ米国人として、誇りを持って生きてほしい」と語った。

第4章

国際情勢がもたらす対立

アラブ、ユダヤ、アジア

怒れるアラブ系

かつて自動車産業で栄えたミシガン州デトロイトから車で約15分。閉鎖した工場や空き家が並ぶ一帯を過ぎると、店の看板にアラビア語と英語が併記された街並みが現れる。イスラム教徒がほとんどのアラブ系住民が人口11万人の半数を占める都市、ディアボーンだ。

ディアボーンは1830年代に欧州からの移民によって開拓された土地で、1917年に自動車大手フォード・モーターの自動車工場が建設されたことを機に発展を遂げた。その後、パレスチナやレバノン、イラクなど中東の紛争地から仕事を求めてディアボーンに移民が集まるようになり、街はイスラム色を強めていく。今では全米最大のモスク（イスラム礼拝所）を抱え、アラブ系の比率が全米で最も高い自治体となっている。

ディアボーンは移民への寛容さや多様な社会を標榜する民主党にとって牙城であるが、2023年10月にイスラム主義組織ハマスがイスラエルを襲撃し、その報復としてイスラエルがパレスチナ自治区ガザを攻撃したことで、異変が起きた。

「トランプ（前大統領）は好きになれない。だが、次の4年をトランプに託すつもりだ。

バイデン大統領を許すことはできない」

ディアボーン市で教育や医療支援を行う非営利団体「イスラミック・センター・オブ・デトロイト（ＩＣＤ）」のスフィアン・ナブハン事務局長（53）は、バイデン氏の選挙戦からの撤退表明に先立つ２０２４年3月、こう断言した。

アラブ系やイスラム教徒にとって、トランプ氏は本来なら「敵」そのものと言ってもいいような存在だ。大統領就任直後の２０１７年1月28日に大統領令を発令し、難民や移民らの入国を制限した。これによって、イランやイラク、スーダン、リビアなどイスラム教徒が大半を占める中東・アフリカ7か国からの米国への入国が90日間停止となるなど制限され、「イスラム教徒追放令」とも呼ばれた。トランプ氏は当時、選挙中から「全てのイスラム教徒の米国への入国を禁止すべきだ」と発言し、物議を醸していた。トランプ氏にとっては選挙公約を果たしたにすぎないが、イスラム教徒らによる大規模なデモが全米各地で起き、違法行為だとする裁判も相次いだ。

トランプ氏に対する拒否感はそれだけが原因ではなかった。２００1年9月11日の同時多発テロの後、米国では「イスラム恐怖症」が広まった。米連邦捜査局（ＦＢＩ）によると、01年のイスラム教徒へのヘイトクライム（憎悪犯罪）は前年の28件から４８１

件に急増するほどだった。当時は一般のイスラム教徒をテロリストと結びつける言動やモスクへの放火などが相次ぎ、敵意の視線が注がれ続けた。米国のイスラム教徒にとって、9・11とその後の苦難は目を背けたくなる出来事にもかかわらず、トランプ氏は選挙戦で「過激なイスラム主義のテロ」への対抗を公約に掲げ、9・11を持ち出し、露骨に「反イスラム」をあおったのだ。

こうした苦い経験をしたにもかかわらず、ナブハン氏が「トランプに託す」と心を決めたのは、「バイデンはガザの人々に対するジェノサイド（大量虐殺）を手助けした大統領であり、トランプよりもたちが悪い」と感じたためだ。

ディアボーン市一帯では、バイデン政権やイスラエルに対する抗議デモも頻繁に起きている。2024年3月、パレスチナ自治区ガザ出身で家族5人とともにデモに参加した高校2年のリナ・アリさん（17）は「ガザに住む叔父も叔母も殺された。許せない」と憤った。

ICDによると、ディアボーン市にはガザ出身者も多く住んでおり、3万5000人以上（2024年6月10日時点）のガザの犠牲者のうち、ディアボーン市民の親戚は約600人に上るという。

イスラエルへの抗議デモを行うイスラム教徒たち。ミシガン州ディアボーンで

デモに参加した主婦（55）は、「飢餓に苦しむ子供たち、瀕死の子供たちの映像をSNSで目にするが、母親として心が痛む」と語った。アラブ系住民らは、イスラエルを支援するバイデン政権について、「私たちの家族を殺す武器に、私たちの税金を使っている」と批判する。

民主党大統領候補の座をバイデン氏から受け継いだカマラ・ハリス副大統領にも、アラブ系住民からは厳しい視線が注がれた。ハリス氏が2024年8月7日にミシガン州デトロイトで行った選挙集会では、ヘジャブを着用した女性たちが「カマラ、隠れることはできない。大虐殺（を支援する人）には投票できない」などと繰り返し大声をあげ、ハリス氏の演説を妨害した。

イスラム教徒は米人口の1％余りに過ぎない。ミシガン州はやや多いが、それでも約1000万人のうちの24万人程度だ。しかし、同州は全米屈指の激戦州で、2016年大統領選は約1万票差でトランプ氏が勝利し、20年はバイデン氏が約15万票差で制した。イスラム教徒の票は勝敗のカギを握りうる。

「ガザに自由を」抗議する若者たち

全米各地の大学に広がった抗議デモの「震源地」は、物々しい雰囲気だった。

2024年4月29日、米ニューヨーク・マンハッタンにある名門校・コロンビア大学のキャンパスの一角に約120張りのテントがひしめいていた。「ガザに自由を」「即時停戦を」——。テント脇には、こう書かれた横断幕が掲げられていた。

発端はイスラエルによるガザへの攻撃が激しさを増し、犠牲者が増加の一途をたどっていたことだった。抗議する学生らはキャンパスの一角にテントを張り、野営しながら抗議デモを展開した。

「イスラエルの攻撃でガザの子供たちが殺され、餓死している。だが、大学は攻撃に関

コロンビア大学の構内でイスラエルへの抗議デモを行う学生たち

与するイスラエル企業に投資している」

デモを主導した1人でイスラム教徒の大学院生、スエダ・ポラットさん(23)は、こう憤った。コロンビア大学は約136億ドル（約2兆400億円）の基金を運用している。学生らは、この一部がイスラエル企業に流れているとして、投資の中止を求めた。

これに対し、大学側はこの日、デモに参加する学生に停学処分を通告するとともに、「コロンビア大学はイスラエルから手を引くつもりはない」とする学長の声明を発表して学生側の要求を退けたことから、構内では怒った学生らの抗議デモが急拡大した。数千人の学生が構内の中庭に集結し、パレスチナの旗やメガホンを手に大学側に抗議した。100社近くの報道陣も押し寄せ、全米の注目を集めた。

ポラットさんは大勢の記者に囲まれ、「停学処分となっても良いのか?」と問われると、「ガザの人々の命に比べれば、どうでもいいことだ。イスラエルに圧力をかけ、攻撃をやめさせることが大事だ」と動じることなく語った。

大学構内には、イスラエルの攻撃を支持する学生もいたが、表だって活動をしていたのはごくわずかだった。4月29日に行われた反イスラエル抗議デモが数千人規模だったのに対して、イスラエル支持を呼び掛ける活動グループは十数人しか集まらなかった。いずれもユダヤ教の中でも戒律を厳格に守る「正統派」と呼ばれるユダヤ人たちだった。親イスラエルのユダヤ系学生らは「イスラエルが戦っているハマスは、我々の消滅を目標としている。自分たちの国や家族、土地を守るために戦うことは当然だ。今、戦闘から手を引いたらハマスの思うつぼだ」と語った。

一方、ユダヤ系にもイスラエルのガザ攻撃に反対する学生は少なくなかった。コロンビア大学の学生エバ・リオンさん(19)はその1人で、デモにも参加した。「パレスチナ人の友人には、バイデンが虐殺に加担したと映る。私も同感だ。私のようにユダヤ系でもパレスチナ人に同情する友人が増えている」と説明した。

この翌日の４月30日、警官隊は大学の要請で構内に突入し、構内のハミルトンホールに立てこもった学生ら１０９人を拘束し、野営のテントは全て撤去された。ハミルトンホールは１９６８年、ベトナム戦争に抗議した学生が占拠し、当時の反戦運動の象徴的な場所として知られる。コロンビア大学での一件はベトナム反戦運動を想起させ、全米各地の大学で抗議デモが激化するきっかけにもなった。ＣＮＮによると、２０２４年５月時点で抗議デモが行われたのは50校以上に上り、学生ら２４００人以上が拘束されたという。

米国にとってイスラエルは同盟国だが、支援への態度には世代間の意識差が大きい。民間調査機関ピュー・リサーチセンターの世論調査によると、18～29歳ではイスラエルに「戦う正当な理由がある」と答えた人が38％だったのに対して、65歳以上では78％と2倍以上に上った。ハマスに「戦う正当な理由がある」との回答は、18～29歳では34％に上った一方、65歳以上では17％にとどまった。

ブルッキングス研究所のエレーヌ・カマルク上級研究員は、「ナチス・ドイツのホロコースト（ユダヤ人虐殺）を記憶する世代はイスラエルに同情的だが、今のイスラエルしか知らない若者は違う。ガザの悲劇をＳＮＳで見る機会が多いのも若者の反イスラエル感情を増大させている」と指摘する。

また、抗議デモの拡大は、格差や貧困、差別などの米国が抱える不条理な社会問題への不満が根底にあるとの見方もある。

首都ワシントンのジョージ・ワシントン大学でデモに参加したバングラデシュ系の学生、カリさん（19）は、多くの若者が抗議活動に参加していることについて、貧困など米国が抱えている社会問題も要因だと指摘し、「イスラエルに送る資金は大量虐殺に使われている。すべて、アメリカ国民への投資に使うべきだ」と主張した。

ユダヤ・パワー、イスラエル・ロビーの影

全米各地の大学に広がった反イスラエルの抗議デモは、大学側の要請によって警察がデモ参加者の学生らを排除するケースが相次いだ。

米国の大学は、卒業生や企業などから多額の寄付金を受け、基金として独自に運用し、授業料や補助金などと共に経営の柱とするのが一般的だ。大口寄付者にはイスラエルを支持する団体や企業も多く、大学の経営方針や人事の決定権を持つ評議員メンバーに入るケースが少なくない。

イスラエル・ロビーに詳しい著名な政治学者で、シカゴ大学のジョン・ミアシャイマー教授は、「イスラエル支持の寄付者は、寄付を通じて大学内の『政治』に深く関与し、イスラエルに有利な方向に仕向けるロビー活動を展開している」と指摘する。

コロンビア大学では、大口寄付者で米ナショナル・フットボールリーグ（NFL）チームのオーナーが2024年4月、大学がデモに対処できていないとして寄付の停止を発表した。他にもユダヤ系の大口寄付者から抗議の電話やメッセージが大学側に相次いで寄せられたという。大学側はこうした動きに危機感を強め、強引なデモ排除に踏み切ったとの見方もある。ハーバード大学とペンシルベニア大学は、大口献金者から「反ユダヤ主義を許容している」と非難され、学長が相次いで辞任に追い込まれる事態となった。

大口寄付者と関係する企業が、デモに参加した学生の採用を取り消すケースも出ている。コロンビア大学の男子学生（21）は「抗議したい気持ちは分かるが、デモに参加して人生を棒に振りたくない」と話した。

ユダヤ系が政治力を駆使するのは、その苦難の歴史が背景にあってのものだ。各地に散らばったユダヤ系はどこの国でも少数派であり、ユダヤ教を信仰することからキリスト教社会では異質の存在でもあった。米国でもヨーロッパほどではないにせよ、かつては強い反ユダヤ感情があった。第２次世界大戦より前は、一流大学への入学で人数制限があったり、ホテルや社交クラブから排除されたりすることもあった。ユダヤ系に対する暴行事件も少なくなかった。自動車王のヘンリー・フォード（１８６３〜１９４７年）は反ユダヤ主義の急先鋒で、ヒトラーに称賛されることすらあった。表だった反ユダヤ主義が沈静化するのは、ホロコーストでユダヤ系に対する同情論が強まってからのことだ。

米国の非営利団体「米イスラエル協力事業」によると、米国内のユダヤ系の人口は、イスラエル（ユダヤ人口約７２０万人）よりも多く世界最多だ。米国内では２・３％（約７５０万人）に過ぎないものの、映画産業の核となるハリウッドや、ゴールドマン・サックスなどの金融・投資会社、ＮＢＣやＣＢＳなどのテレビ局を設立し、米国の政治や経済、マスメディアへの影響力を拡大していった。巨大ＩＴ企業のグーグル、メタ（旧フェイスブック）の創業者もユダヤ系だ。

コロンビアやハーバードなど名門私立８大学で構成される「アイビーリーグ」の学生は２割程度がユダヤ系だとされる。金融やＩＴ関連などの有名企業の中枢に人材を輩出し、卒業後も大口寄付者として存在感が強いとされる。

イスラエル・ロビーは豊富な資金力を武器に、米政界にも影響力を行使している。民主党で親イスラエルの代表格は、バイデン大統領だ。ロイター通信によると、上院議員時代の36年間で親イスラエル団体から420万ドル（約6億3000万円）の献金を受け取ったという。ハマスによる襲撃事件直後にイスラエルを訪問した際には、ネタニヤフ首相に対し、「シオニスト（ユダヤ人国家を作ろうとする運動の支持者）であるためにユダヤ人でなければならないとは思わない。私はシオニストだ」と語った。

1992年米大統領選でジョージ・ブッシュ元大統領（父）が再選できなかったのは、イスラエルによる入植活動を阻止したことでイスラエル・ロビーと対立し、「ユダヤマネー」がクリントン元大統領に流れたのが一因との分析もあるほどだ。

代表的なロビー団体「米イスラエル広報委員会（AIPAC）」は、パレスチナが「自国」とするヨルダン川西岸に対するイスラエル占領地の拡大やガザへの武力行使などに関し、イスラエルにとって有利な動きを促進するため、米連邦議会に強く働きかけることを任務としている。イスラエルの「第2の外務省」とも称され、ガザの早期停戦を訴える民主党の急進左派の議員らを落選させるため、2024年の同党内予備選でその対抗馬に多額の資金提供をしたとも報じられた。

米国によるイスラエルへの援助額は年間40億ドル（約6000億円）近くに上り、対外援助国としては最大だ。AIPACの働きかけが奏功しているとの見方がもっぱらだ。ミアシャイマー教授は、「イスラエルの攻撃によって米国内で反発が強まり、ロビー活動が難しくなっているのは事実だ。だが、それ以上に彼らの力は絶大だ。ロビーの意向に反する発言をすれば、落選に追い込まれるなど政治的な代償が伴うだろう」と語った。

中国企業の工場建設反対運動　ノースダコタ州

カナダ国境に近い人口6万人のノースダコタ州グランドフォークス。19世紀後半まではネイティブ・アメリカンが居住しており、毛皮の交易などで栄えた町だ。2024年4月、今は小麦や大豆などの畑が広がる静かな市を訪れると、民家などには中国共産党旗に「NO」と書かれたポスターが所々残っていた。中国食品大手「フーフォン・グループ」米法人によるトウモロコシ製粉工場建設計画に対し、住民が激しい反対運動を繰り広げた名残だ。

トウモロコシ製粉工場建設に反対するポスターを持つクレイグ・スパイサーさん。ノースダコタ州グランドフォークスで

建設業を営むクレイグ・スパイサーさん（74）の自宅は、フーフォンが買収した農地約１・５平方キロに隣接する。窓にはまさに、中国共産党旗に「ＮＯ！」と書かれたポスターが飾られていた。敷地内にも「中国共産党か米国　あなたの選択」という立て看板が野ざらしになっていた。

買収地から約20キロの距離には、グランドフォークス空軍基地がある。冷戦期は旧ソ連の核攻撃を監視する役割を担い、今は無人偵察機グローバルホークが配備される米軍の重要拠点だ。

「我々が心配したのは単なる農地の買収ではなく、この国の安全保障なんだ」

こう力説するスパイサーさんは、反対運

動を繰り広げた住民ら約20人のグループに参加した。

市は当初、7億ドル（約1050億円）を投資する大型事業について、「地元に経済利益をもたらす」として計画を推進した。市議会もいったんは承認に回った。一方で住民らは、フーフォン中国本社の幹部が中国共産党と関係があるとして、工場建設の目的は米軍の機密情報の収集だと主張し、2021年から署名集めや抗議活動を行った。米中の覇権争いが激化し、中国の脅威に世論の注目が集まっていた。中国が発生源と目された新型コロナウイルスの余波も残っていた。米中の軋轢に連動し、反対運動は盛り上がった。

2023年1月、米軍幹部が工場建設について「国家安全保障への重大な脅威」と地元上院議員宛てに書いた手紙の存在が明らかになると、2月上旬、市議会は正式に計画の拒否を決めた。傍聴席では住民が「USA」コールを繰り返した。中国偵察用気球が米領空を侵犯し、連日のように報道されていた時期のことだった。

「中国が何を企んでいるのか世界中が知っている。米国を倒して、世界を征服したいんだ」

スパイサーさんはそう息巻いた。

普段は政治信条が異なる住民も、この問題では共闘した。スパイサーさん宅から車で約10分。農場を経営するフランク・マテジェクさん（74）は、筋金入りの民主党支持者だ。星条旗が飾られた納屋でインタビューに応じた。

マテジェクさんは当初、工場建設に伴う環境汚染などを理由に計画に反対した。「中国たたきをしたかったわけじゃないんだ」と語る。だが、反対運動に関わるうちに、中国共産党の政治工作などに関する知識を得て、「グランドフォークスで起きていることは、中国の常套手段だ」と考えるようになった。

「国防総省の関係者」を名乗る人物からも何度も接触され、反対運動について事情を聞かれたこともあるという。マテジェクさんは「国防総省は我々に反対運動を続けて、フーフォンの案件をつぶして欲しかったんだ」と主張する。

マテジェクさんが長年の民主党支持者なのに対し、スパイサーさんは「米国の価値観を取り戻す」として共和党のトランプ前大統領を支持する。だが、フーフォンへの反対運動では、「共和党員やトランプ支持者も一枚岩になることができた」（マテジェクさん）という。

現代の「黄禍論」

計画が白紙となった今、グランドフォークスには、人種問題を巡る緊張が残っている。ケイティ・ダッチャーさん（38）は市議会で唯一のアジア系議員だった。ダッチャーさんは環境への配慮から、当初から計画に反対した。だが、住民からは、「反対が十分でない」と糾弾されたと振り返る。

ダッチャーさんは生後3か月で韓国から渡米し、白人家庭の養子になった。グランドフォークスの住民は白人が8割以上で、アジア系は3％に過ぎない。ダッチャーさんは自分と同じく養子だった兄以外、周辺に、アジア系住民が身近にいない環境で大人になった。大学に進学するまで、白人以外の教師に会ったこともなかったという。韓国語は一言も分からないし、自身が「アジア系である」という感覚もあまりない。

だが、グランドフォークスでフーフォンの問題が浮上すると、急に自分の人種を意識させられる出来事が相次いだ。反対運動を繰り広げていた住民の1人からは、中国語で書かれたフーフォンの資料を読むように執拗に要求された。若者の集団から、人種を侮蔑する言葉を投げつけられたこともあったという。

「一体、みんなが私に何を期待しているのかが分からなかった」

ダッチャーさんはこう唇をかむ。グランドフォークスの市議会では初めての有色人種の議員として活動してきたが、徒労感を覚えるようになり、フーフォンの問題が収束した後に辞職した。

今回の騒動を経験したダッチャーさんは、白人の中には、アジア系の移民増加を根底にした「無意識の差別意識や、『黄禍論《こうかろん》』があるのでは」と問いかける。

「黄禍論」とは、日本人や中国人などのいわゆる「黄色人種」が数の多さで力を持ち、白人国家に脅威を与えるという考え方だ。19世紀後半から欧米で広まった。

米国は1882年に制定された「中国人移民排斥法」で、中国からの移民を一時禁止した。日本からの移民は代わりの労働力となったが、1924年に制定された新たな移民法で、アジア系移民が「帰化の資格がない」とされ、日本からの移民も事実上禁止された。日米開戦後の日系人は苦難が続き、1942年に日系人ら約12万人が強制収用の憂き目にあった。

全米では近年、中国移民が急増しており、移民全体の約7％にまで膨らんでいる。こうした移民の急増や、2020年以降の新型コロナウイルスの流行を背景に、米国内でアジア系住民が敵視されたり、襲撃されたりする事件が相次いだ。トランプ氏が新型コロナウイルスを「チャイナ・ウイルス」と呼んだことも、反アジア感情に拍車をかけたと言われている。

グランドフォークスの住民らは、人種を理由にした反対運動だという見方に反論する。スパイサーさんの妻、シーラさん（68）は、ダッチャーさんのことを「とても素敵な女性」と表した後、「私は長年看護師をしてきた。誰にでも同じように接するのが信条で、白人だからといって人種差別主義者だという見方は悲しい」と顔を曇らせた。

シーラさんは、保守系のＦＯＸニュースよりも保守色が強く、「右翼的」とも評されるケーブルテレビ局「ニュースマックス」の熱心な視聴者だ。フーフォンの農地買収問題が表面化して以降、中国に関する報道番組に関心があり、よく見るようになった。「中国共産党と中国人は別だ。ウイグルなどの人権状況を知れば知るほど、中国人は、中国共産党政権の被害者だと思う」と語る。

グランドフォークスでの工場建設計画への反対運動は、全米で対中国を念頭に置いた農地取得を規制する法整備が進むきっかけにもなった。国立農業法律センター（ＮＡＬＣ）によると、２０２４年５月現在、バージニアやサウスダコタなど20州以上が規制している。フロリダ州は農地だけでなく、中国人の不動産購入も禁止した。ノースダコタ州でも23年、中国などを念頭に、敵対国の政府が州内の土地を購入することを禁止する法律を可決した。法律提出者の1人、ジェフ・ホバーソン州下院議員（共和党）は、中国によるスパイ事件が全米で増加していると指摘した上で、「陰謀論ではなく、中国には疑われる理由がある」と強調した。

実際には、米国に土地を所有している外国人と団体のうち、中国の割合は1％に満たず、カナダや欧州諸国には遠く及ばない。ワシントンの保守系調査研究機関「アメリカン・エンタープライズ研究所」の上級研究員で、米中経済が専門のデレク・シザーズ氏は「米国は中国と競争関係にあることで、中国の脅威をより強く感じている」と分析する。

反中感情の高まりを受けて、米国政治では、対中強硬路線は「超党派で合意できる唯一の政策」となっている。

連邦議会の動きが象徴的だ。下院では2024年3月、中国発の動画共有アプリ「ＴｉｋＴｏｋ」の米国内での配信を事実上禁止する法案が超党派の賛成多数で可決された。同年4月には上院でも可決され、バイデン氏の署名で成立した。中国の脅威にさらされる台湾を支援する動きも強まっており、国防予算の大枠や国防政策の方針を定める国防権限法案には毎年、超党派の合意で台湾の防衛力強化策が盛り込まれている。バイデン政権も対中強硬色を強め、同年5月には電気自動車（EV）や旧世代半導体、鉄鋼・アルミニウムなどに対する対中制裁関税の引き上げを発表した。

超党派で対中強硬策が進められている背景には、世論で拡大する反中意識の高まりがある。米ギャラップの2023年3月発表の米国人の対中観に関する調査では、過去最高の84％が中国に好意を持っていないと回答し、好意的な人は15％しかいなかった。共和党支持層に限れば、好意的な回答はわずか6％だった。

21世紀のアヘン戦争——合成麻薬フェンタニルの脅威

2023年11月15日、カリフォルニア州サンフランシスコ郊外ウッドサイド。豪華な調度品が並ぶ歴史的な邸宅「フィロリ邸」で、バイデン大統領は中国の習近平国家主席と1年ぶりに会談した。その後の記者会見では、「長年中断していた米中間の対麻薬協力を再開することを発表できることを嬉しく思う」と切り出し、合成麻薬フェンタニルの取り締まりに向け、米中が協議を開始し、原料を輸出する企業を取り締まることを発表した。バイデン氏は「命を救う」とも強調してみせた。さらにその２日後、メキシコのアンドレス・ロペスオブラドール大統領とも会談し、フェンタニルの米国への密輸防止強化で協力することで一致した。バイデン氏が精力的に動いたのは、フェンタニル問題が24年11月の米大統領選でも争点となりうるためだった。米国ではフェンタニルの摂取による死者が急増し、政府が「国家安全上の脅威」と位置づける事態となっている。

米中首脳会談と同時期、サンフランシスコではアジア太平洋経済協力会議（ＡＰＥＣ）首脳会議が開かれていた。市中心部のテンダーロイン地区は、フェンタニルなどの麻薬中毒者が集まる地域として悪名が高い。バイデン氏や習氏、岸田文雄首相（当時）ら各国首脳がサンフランシスコに集まる中、会場からも遠くない同地区では道路にひざまずいて売人から麻薬を受け取る中毒者の姿があった。あるホテルの従業員は「麻薬中毒者は普段はもっと数が多い。これでも市が排除したんだ」と説明した。

フェンタニルの恐ろしさは、その中毒性の高さにある。元々は、がん患者の苦痛緩和などに使われる鎮痛剤の麻薬オピオイドとして１９６０年頃に開発された。薬が効く強さはヘロインの50倍、モルヒネの１００倍とされ、鉛筆の先ほどの２ミリグラムが致死量だ。

フェンタニルは、中国企業が原料を生産してメキシコに輸出し、メキシコの密売組織・麻薬カルテルが錠剤などに加工して米国に密輸している。ケシから製造するアヘンとは異なり、化学的に製造できるため、安価で流通する。

カリフォルニア州とメキシコが国境を接する南部サンディエゴ近郊サンイシドロの国境検問所は取り締まりの最前線だ。国境を越えて通勤、通学する人を含め、往来は連日平均車7万台、2万人が北へ向けて通過する。西半球で最大の検問所だ。

2023年11月にこの検問所を訪れると、係員が数十秒ごとに車のトランクを開け、中を点検していた。米税関・国境警備局（CBP）によると、22年にCBPが国境で押収したフェンタニルの半分は同検問所経由だった。

全米では2022年、全米国民の人数を超える3億7900万人分以上の致死量にあたるフェンタニルが押収されている。サンイシドロ国境検問所では1日2~6件のフェンタニル摘発があるという。警備官のウィルソン・ポルトカレロさんは「ここは米国の麻薬密輸防衛の最前線だ。突破されれば全土に薬物が広がる」と強調した。

麻薬の過剰摂取で年間10万人以上が死亡

だが、国境の検問所での懸命の努力もむなしく、フェンタニルは米国に広がり、若者の間で深刻な被害が出ている。

「数式を解くのが得意で、即興で音楽を奏でるのが上手で、いたずら好きで――。才能あふれる息子でした」

首都ワシントンから車で約1時間。緑が広がるバージニア州リーズバーグの自宅で、ジュリー・ハインズさん（57）は2020年8月に19歳で死去した長男のタイラーさんをしのんだ。

タイラーさんは休暇で帰省中、自宅のベッドで死亡しているのが発見された。数日後に大学があるシカゴに戻る予定だった。地元警察による検視の結果、体内からフェンタニルが検出された。ジュリーさんは「『一体、それは何？』という感じだった」と振り返る。警察は、タイラーさんの携帯電話の記録から、近所に住む少年がSNSを通じ、オピオイドの一種である「パーコセット」をタイラーさんに売ったと突き止めた。だが、タイラーさんが入手した薬は偽物で、混ぜ物として安価なフェンタニルが致死量を超えて含まれていた。

知能指数が高く、幼い頃から名門エール大学のキャンプに参加するなどしていたタイラーさんは、発達障害の1つである「注意欠如・多動症（ADHD）」とも診断され、強い不安感を抱えていた。眠れないと一晩中、数学に取り組んでいたこともあった。医師に処方されたADHDの薬を服用したが、不安は消えなかった。タイラーさんは、オピオイドに不安を和らげる作用があると知り、十代半ばからは知人宅で飲み残しのオピオイドを手に入れて服用するようになったという。ジュリーさんがこうした事態を知ったのは、タイラーさんが17歳の時だった。リハビリ施設で依存症の治療を受け、いったんは回復し、大学にも通い始めた。

タイラーさんが入手しようとしたパーコセットは、モルヒネの代用品として使われるオキシコドンが含まれる強力な鎮痛剤だ。依存性も高いが、米国では歯科手術後や、けがに対しても処方される。タイラーさんは、この薬で大学に戻る不安を和らげようとしたのだろうか。米メディアは、新型コロナ禍に伴うストレスで、手軽に入手できる鎮痛剤の服用者が増えたと分析している。SNS上で売られる7割にフェンタニルが含まれているとの調査結果もあるという。

ジュリーさんは「政治的なことには関わりたくない」と断りつつ、こう語気を強めた。

「息子は中毒死ではなく毒殺だった。米国はフェンタニルで攻撃されている」

米疾病対策センター（CDC）によると、2021年の米国の18〜49歳の死因のトップは麻薬の過剰摂取で、全年代合わせて10万7000人以上が死亡した。フェンタニルが大半を占める合成オピオイドの過剰摂取による死者は、このうち8万人以上を占めた。若年層で問題が深刻化しており、啓発団体によると、20年には14〜18歳の約1600人がフェンタニルで死亡し、15年の17倍に急増した。

米国土安全保障省が2023年9月に発表した国家安全保障上の脅威に関する報告書では、「違法な麻薬は、他のどの脅威よりも多くの米国人を殺害し続ける」と指摘した。

こうした事態は、19世紀、英国の商社を通じ清朝《しん》末期の中国に流入したアヘンを想起させる。中毒の蔓延《まんえん》が清朝の弱体化につながった。フェンタニルが米中間の政治問題となっているゆえんでもある。

共和党で対中強硬派として鳴らすトム・コットン上院議員は「中国共産党は米国にアヘン戦争を仕掛けてきた」と主張する。保守系のFOXニュースは、「米国は中国との『新アヘン戦争』に負けつつある」と視聴者に警鐘を鳴らした。

トランプ前大統領の政策実現を目指す調査研究機関「アメリカ・ファースト・ポリシー・インスティテュート（AFPI）」は2023年7月発表の報告書で「我々の国家

はフェンタニルという災難で若い世代を失っている」と指摘した上で、フェンタニルを、中国による「大量破壊兵器」とみなすよう提言した。ＡＦＰＩの中国専門家、スティーブン・イエーツ氏は「中国には、米国を弱体化させる政治的な動機がある」と主張する。フェンタニルのスラング（俗語）は「チャイナ・ガール」だ。

コロナを契機に増えたアジアヘイト

米国でアジア系に対する風当たりが強まり、ヘイトクライムの対象となることが増えたのは、新型コロナウイルスの感染拡大が始まった２０２０年以降だ。多様な人種、民族が混在するリベラルなニューヨークも例外ではない。

２０２４年２月、43歳の男が憎悪犯罪の暴行罪などで懲役15年の判決を受けた。事件はコロナ禍のさなかである21年３月に起きた。男はマンハッタンの路上でフィリピン系の当時65歳の女性に近づき、「くたばれ、おまえはここの人間ではない」と叫び、彼女の胴体を蹴って地面に倒し、頭や体を蹴ったり踏みつけたりした。女性は骨盤骨折などの大けがを負った。男はその２日後に逮捕された。

女性は裁判に証人として出廷すると、こう語った。

「あの日、私は肉体的には死にませんでしたが、私の一部は死にました。私の一部は、40年前にアメリカに来て、ありのままの自分を受け入れてもらえると思ったのです。私は間違っていました」

アジア系への憎悪犯罪は、コロナが米国で拡大した2020年、前年より77％増の279件となり、21年にはその約2・7倍の746件に達した。22年には減少に転じて499件になったものの、過去と比べると高水準のままだ。

非営利団体「アジア系アメリカ人財団」が2023年にニューヨーク在住のアジア系アメリカ人を対象に行った調査では、過去12か月の間に5人に1人が身体的暴行を受けたことがあると回答し、憎悪に基づく事件を経験した人の54％がその経験を誰にも伝えなかったという。

実際、2023年以降もアジア系への憎悪犯罪のニュースは頻繁に報じられている。アジア系の女性がニューヨークの地下鉄で16歳の少女に暴行される、韓国系のカップルが反中国的な言葉を投げつけられた後に暴行される、アジア系の寿司店共同経営者が客に殴られて昏睡状態になる——。アジア系アメリカ人財団の調査では、アジア系の61％

が過去12か月でアジア系への憎悪が増しているとも回答した。

同財団のノーマン・チェン最高経営責任者（CEO）（58）はこう分析する。

「アメリカ人はアジア系の忠誠心や愛国心を疑っている。中国の脅威やその米国への影響について多くの報道がなされているからだ。アメリカ人はアジア系、特に中国系を恐れている。米国にはアジア系は信用できないというステレオタイプが存在している」

おわりに

ドナルド・トランプ前大統領は、自らの支持者が何を求めているのかを見抜く才覚にかけては、ずば抜けている。天性のポピュリストと言えるだろう。トランプ氏の発言イコール支持者が欲している言葉だと言っても過言ではない。

カマラ・ハリス副大統領がジョー・バイデン大統領に代わって大統領選の民主党候補になることが確実視されていた2024年7月31日、トランプ氏の人種差別的な発言が物議を醸した。イリノイ州での全米黒人ジャーナリスト協会の会合に出席した際、「彼女はインド系の血を引いていることだけをアピールしていた。何年か前に突然、黒人に変わるまで黒人だと知らなかった。今は黒人として知られたがっている」と述べた。

ハリス氏はジャマイカ出身で黒人の父、インド出身の母を持つ。カリフォルニア州の黒人が多い地域で育ち、黒人向けの大学として発展したハワード大を卒業した。インド系の血を引いているとだけアピールしていたわけではなく、むしろ黒人であることに誇りを持っている人物だ。トランプ氏の発言は事実誤認である。では、トランプ氏はなぜこのような発言をしたのか。

ハリス氏への中傷で目に付くのが、本書の第1章でも触れた「DEI」に関連するものだ。アメリカでは多様性を尊重するDEIの考え方に基づき、黒人やヒスパニック系などマイノリティーへの門戸を広げようと、彼らを就職や入学試験で優遇することがままある。保守派はこれがマイノリティーへの過剰な配慮と感じており、ハリス氏に対しても「黒人女性であることを理由に、実力がないのに副大統領に起用された」と信じている人が多い。トランプ氏の問題発言は、保守派の白人が抱く黒人に対する根強い差別感情を代弁したものに違いない。ハリス氏が大統領候補となったことで、白人の差別感情があぶり出されている。

2024年のアメリカ大統領選は、アメリカの民主主義のあり方が問われる選挙である。これに加え、アメリカの多様性を体現するハリス氏が民主党大統領候補となったことによって、多様な社会のあり方もまた、選挙戦でいや応なしに問われることになった。アメリカの国家像そのものが問われる歴史的な選挙である。

アメリカは良くも悪くも、WASP《ワスプ》と呼ばれる白人・アングロサクソン・プロテスタントが歴史的に国家の中枢を占め、彼らの価値観に基づく国として超大国の地位を築いてきた。そこに移民たちは引き寄せられ、順応しながらも、多様な価値観をアメリカに吹き込むことで、アメリカは長らく活力を保ってきた。それが近年、多様化が一段と進む中で白人の存在感は徐々に低下し、マイノリティーの発言力が高まってきた。キリスト教を基盤とする伝統的な価値観は後退を余儀なくされ、アメリカという国の形は変貌を遂げつつある。アメリカを建国以来支えてきたという自負を持つ保守派の白人にとって、今のアメリカの姿は深い苛立ちを引き起こすものに違いない。

ウォール・ストリート・ジャーナル紙などが2023年3月に実施した世論調査が興味深い。「愛国心」が非常に重要と回答した人は1998年に70%いたのが、2023年には38%にまで低下した。同じように、「宗教」は62%から39%、「子どもを持つこと」は59%から30%に下がった。対照的に、「お金」は31%から43%に上昇した。かつて愛国心と信仰はアメリカを特徴付ける価値観だったが、今は昔と言ったところか。トランプ氏やその支持者が愛国心を頻繁に口にする一方で、リベラル派はその言葉に白人ナショナリズムの響きを感じ、忌避する傾向が強い。

多様性という言葉は本来、前向きな意味を持つはずだ。だが、今のアメリカでは多様な価値観が共存するのではなく、各々が自らの価値観の正当性を声高に主張するあまり、価値観の衝突が目立っている。多様な社会とは必ずしも、その社会の構成員が多様性に寛容であることと同義ではないのだ。今日のアメリカにおいて多様性は国の遠心力となり、国の一体感を毀損《きそん》しているように映る。アメリカをこれまで強くしてきた多様性が、今やアメリカを引き裂き、深刻な分断を生み出しているのが現実である。

日本とアメリカは国の成り立ちが全く異なる。日本はアメリカと比べれば、明らかに同質性の高い国家である。それでも近年は日本に定住する外国人も増えてきており、多様性が徐々にではあるが増しつつある。多様な価値観を受け入れることは国を豊かにする可能性もあれば、国を傷つける恐れもある。日本がアメリカほどの多様な社会になることはないにせよ、今のアメリカから学ぶべきことは多い。

本書は、読売新聞で2023年11月1日から7日まで計7回掲載された連載記事「変容する米国」と、24年5月7日から18日まで計8回掲載された連載記事「米大統領選2024 論争の現場」と、複数の単発の記事をベースに、その後の米大統領選の動向なども踏まえて大幅加筆し、再構成したものである。

取材・執筆には、ワシントン支局の今井隆、向井ゆう子、田島大志、池田慶太、冨山優介、田中宏幸、淵上隆悠、ニューヨーク支局の山本貴徳、金子靖志、ロサンゼルス支局の後藤香代があたった。本書のとりまとめは今井が担当した。ローカルスタッフのJacob Margolies（法律顧問）、時任美音子、Riley Martinez、William Corcoran、Alexander Nickol、Talia Rose、Kio Lance、Hannah Sheehan、Deisy Moreno の献身的な協力が特派員を支えた。

カバー写真は表裏ともに淵上が撮影した。淵上はトランプ氏の暗殺未遂事件が起きたその場で取材にあたり、撮影した写真は海外メディアにも多数掲載された。

国際部の竹腰雅彦部長、幸内康前筆頭次長（現・千葉支局長）、竹内誠一郎筆頭次長、米国担当の中島健太郎次長（前アメリカ総局長）、政治部の小川聡部長（元アメリカ総局長）には様々な指導をいただいた。中央公論新社の吉山一輝取締役社長室長、同社で本書担当の山田有紀編集委員からいただいたアドバイスにも心から感謝したい。

本書が読者にとって、アメリカの分断を理解する一助になれば幸いである。

読売新聞アメリカ総局長　今井　隆

『読売新聞』
「変容する米国」
２０２３年11月１日～７日付（全７回）
「米大統領選２０２４　論争の現場」
２０２４年５月７日～18日付（全８回）
をもとに大幅に加筆・再構成しました。

中公新書ラクレ 823

分断国家《ぶんだんこっか》アメリカ

多様性《たようせい》の果《は》てに

2024年10月10日発行

著者……読売新聞《よみうりしんぶん》アメリカ総局《そうきょく》

発行者……安部順一

発行所……中央公論新社

〒100-8152 東京都千代田区大手町 1-7-1

電話……販売 03-5299-1730　編集 03-5299-1870

URL https://www.chuko.co.jp/

本文印刷…三晃印刷　カバー印刷…大熊整美堂　製本…小泉製本

Published by CHUOKORON-SHINSHA, INC.
Printed in Japan ISBN978-4-12-150823-2 C1231

中公新書ラクレ　好評既刊

ラクレとは…la clef＝フランス語で「鍵」の意味です。
情報が氾濫するいま、時代を読み解き指針を示す
「知識の鍵」を提供します。

L652
ドキュメント 誘導工作
――情報操作の巧妙な罠

飯塚恵子 著

「自分の意見が、知らずに誰かに操られている」。それが誘導工作＝インフルエンス・オペレーションだ。情報操作やフェイク・ニュース流布を駆使するこの手法は、IT技術の進歩と普及によって近年、範囲、スピード、威力が格段に増した。本書はこの「現代の危機」を欧州各地の関係者取材を重ねて描き出す。それはグローバリズムの潮流にさらされ、政治や経済の変動もありうるわが国において「すぐそばに迫る危機」でもある。日本が危ない！

L715
自由の限界
――世界の知性21人が問う
国家と民主主義

鶴原徹也 編

エマニュエル・トッド、ジャック・アタリ、マルクス・ガブリエル、マハティール・モハマド、ユヴァル・ノア・ハラリ……。彼らは世界の激動をどう見るか。二〇一五年のシャルリー・エブド事件から「イスラム国」とアメリカ、イギリスのEU離脱、トランプ米大統領と米中対立、そして二〇二〇年のコロナ禍まで、具体的な出来事を軸とした三八本のインタビューを集成。人類はどこへ向かおうとしているのか。世界の「今」と「未来」が見えてくる。

L793
インドの正体
――「未来の大国」の虚と実

伊藤　融 著

「人口世界一」「IT大国」として注目され、西側と価値観を共有する「最大の民主主義国」とも礼賛されるインド。実は、事情通ほど「これほど食えない国はない」と不信感が高い。ロシアと西側との間でふらつき、カーストなど人権を侵害し、自由を弾圧する国を本当に信用していいのか？　あまり報じられない陰の部分にメスを入れつつ、キレイ事抜きの実像を検証する。この「厄介な国」とどう付き合うべきか、専門家が前提から問い直す労作。